アグネス流

これからの時代に
活躍できる子に育てるために

10歳までに鍛えておきたい20の能力

Agnes Chan
アグネス・チャン

PHP研究所

はじめに

母親になったことは私の人生の中で、一番大きなごほうびでした。3人の子どもたちを育てていたときは毎日が楽しくって、幸せでした。大変と思うときもありましたが、子どもの寝顔、びっくりする仕草、喜んでいるときの表情を見ると、疲れも、苦労も感じませんでした。

一生懸命愛情をかけると、子どもは必ず応えてくれます。日に日に成長していく子どもたちに励まされて、夢中で子育てをしてきました。3人の子ども全員が成人し、末っ子も今春、大学院を卒業します。

子育てが一段落したいま、自分の教育法を振り返る余裕ができるようになりました。児童心理学と教育学を学んだおかげで、学説を参考にしながら、自分なりの子育て方法を実践してきました。私のやり方を聞いて「おもしろい」「目からウロコ」「私も真似《まね》してみます」と言われることがよくあります。「私も似た方法をやっていました。でもほかの教育書では書いてないので不安でした。アグネスも一緒でよかった」とも言われます。

そんなことで、先輩ママとして、最近はよく子育てのアドバイスを求められるようになりました。

どうすれば、子どもがもっと積極的に学んでくれるの？　恥ずかしがり屋さんはダメなの？　尊敬される人間になってほしいけど、どうすればいいの？——子育ては親育てといいます。知識があれば、戸惑いが消え、問題があっても落ち着いて対応できます。

この本では、若い親がもつ単純な疑問、あるいは深刻な問題を教育学、心理学と自分の育児体験で解いてみたいと思います。子育ての不安を和《やわ》らげ、みんなが自信をもって、楽しく子育てができるように、少しでも役に立てれば幸いです。

アグネス・チャン

【アグネス流】10歳までに鍛えておきたい20の能力

目次

第3章

これからの時代を生き抜く「地球人」を育てる

装幀　神長文夫＋坂入由美子（ウエル・プランニング）
装画・本文イラスト　つじにぬき
撮影（装幀）　masaco
編集協力　松澤ゆかり
組版　朝日メディアインターナショナル株式会社

第1章

私が行なってきた子育てを伝えたい

私はアメリカのスタンフォード大学教育学部博士課程に入学したことをきっかけに、長年「教育」の分野を研究してきました。

私が留学したのは1998年で、次男を妊娠中の34歳の臨月のときです。3歳の長男を連れての子連れ留学でした。夫は日本で仕事をしていたため、時どきアメリカに来ていましたが、私一人で子育てをしながら勉強との両立の日々を送ることになったのです。

大学院に入学後は、毎日何十本もの論文を読みこなし、授業ではクラスメイトと議論し、膨大な宿題と論文書きをこなし……。大学院で「教育」について専門的な勉強をしながら「子育て」をしていた私は、さらに広い知識を得ることができました。同時に、自分の子どもに対する教育方針にも自信をもてるようになったのです。

近年、3人の息子が母校のスタンフォード大学に合格したことが知られるようになると、世間から私の子育てが注目されるようになりました。3人とも合格できたのは、私が教育熱心なお母さんだったからではないかと。しかし私は、3人の息子には「勉強しなさい」と言ったことはありません。きっと息子たちは、勉強するのは親のためではなく「自分のため」だと、小さい頃から親を見て理解していたのです。

親が子どもの前で学習したり、本を読んでいる姿を見せたりするのは大事なことです。そんな親の姿を見て子どもは、「学習するのは楽しいことだ」「いくつになっても学習することが大事」「わからないことがあっても恥ずかしくない」と考えるようになるのです。

実際に、私は挑戦しつづける姿、新しいことを学ぶ姿を示し、知識を得る喜びも見せてきました。息子たちもきっと、そんな私の姿を見て、無意識に好奇心と学習意欲を身につけたと思います。

◆親は子どもの特性を見抜き、力を見出す

いまは、一流と言われる大学に入学して、上場企業に入社すれば幸せな人生が送れる、という時代ではなくなりました。「急速に変わっていく社会で生き抜いていく力」を身につけるほうが大事だと感じています。それには、どんな力を身につけていけばいいのでしょうか。

日本の義務教育では、学習指導要領に合わせた内容をクラスメイトと同じペースで

学んでいます。これはすでに時代遅れだと思うのです。

インターネットの普及によって、子どもは先生や親に教わらなくても、疑問に思うことや調べたいことを自分自身で学べる時代になっています。先生や親はすべての知識の持ち主ではなく、知識を得るための道案内人です。

いままでは親が「このぐらいの知識はもっておいてほしい」と考え、「勉強に遅れないように」が重要だと考えていたと思います。しかし、この考えはＡＩ時代には適さない教育の仕方です。

ＡＩ時代には親が子どもの良いところ、その子にしかできない特技や能力を見つけ出して伸ばしていくことが大事です。誰よりも得意、誰よりも詳しい何かをもっていることが、これからの時代に淘汰《とうた》されない人間です。

もし、それが見つけにくいときは、その子の好きなことは何かと考えましょう。好きなことが見つかれば、子どもは学習も練習も苦にならず、上手になるのです。すべてを忘れて「無我夢中」になれるものに出会えることこそが「勉強の本当の目的」だといえます。

その子だけがもっている得意なもの、好きなものを見つけてください。そこから子どもに自信が生まれ、いままで怠っていた不得意なことも、できるようになっていきます。

そして時代がどのように変わろうと、生き抜くことができるのです。

ＡＩ時代に突入したいま、親に求められているのは、自分を信じて挑戦できる子ども、夢と希望をもって世界に貢献できる子どもに育てることです。

◆人生は一つ一つの選択の結果にある

生きていくうえでさまざまな選択の場面に遭遇することがあります。そんなとき必要になるのが、「自分で考えて決める力」です。何かが起こったときに素早く判断して選択し、決断する力は重要です。

賢い選択をする力は、遺伝的に引き継がれるわけではありません。その力は子どもの頃からの経験や練習から得ることができるのです。成功したり、失敗したりすることを繰り返しながら学んでいきます。だから物事を何でも親が決定せずに、子ども自身が選択できるように導きましょう。

親がすべてを決めてしまうと、子どもは賢い選択の仕方を学ぶチャンスを失ってしまいます。とはいっても「今日は何を食べる？」と聞いただけでは、賢い選択ができる子どもには育ちません。この場合は、冷蔵庫を開けながら「肉とにんじん、卵があるから何を作る？」と、選択肢を子どもに見せて提示します。さらに「昨日はカレーを食べたね」「そういえば土曜日は、パパがおでんを食べに連れて行ってくれるよ」と選択の条件を加えます。このように、いくつかの条件を提示された子どもは、自分なりに考えて選択し、結論を出すでしょう。そして、子どもが出した結論を親は尊重します。

社会に出れば選択や決断の連続です。選択や決断をする力を子どもの頃から身につけておけば、次第に賢い選択や決断ができる子どもになります。

それでも選択や決断に迷ったときは「簡単な道よりも、難しい道のほうを選びなさい。そのほうが学べることが多く、目的にたどり着いたら大きな喜びを感じられるから」とアドバイスしてあげるといいでしょう。これは私の父が言った言葉ですが、息子たちはこの言葉が大好きです。自分で選択した夢に向かっているときの自分を楽しむことができれば、「苦労を厭《いと》わない」「成功するのが目的ではない」と感じることができます。

賢い選択ができる人として子どもを育てることは、子どもに幸せへの近道を示すことになるのです。

◆感謝の気持ちを忘れず他人を尊重する

「おかげさまで」というのは私が大好きな日本語です。私たちが日常生活を営んでいけるのは、見えないところで私たちを支えてくれたり、応援してくれる人がいるからです。

私は子どもに、「いつも周りの人に感謝しなさい。目には見えないけれど私たちを支えてくれている人にも感謝するのを忘れないように」と教えてきました。知らない人だから、自分の目には映らない人だからといって、透明人間のように無視してはいけないのです。誰もがみんな大事な存在なのです。

それと同時に、私は困っている人がいたら無視せずに、声をかけるようにしています。知らない人に声をかけるのは勇気がいりますが、その人を透明人間のようにしないためには大切なことです。

ある時、仕事帰りに飛行機から降りようとしたら、眠ってしまった乳幼児2人を抱えながら大荷物を持ち、大変そうにしているお母さんがいました。その人は遠慮しているのか、周りの人に助けを求めようとしません。周りにいる人も、誰もその人を手助けしないのです。

私はそのお母さんに「1人抱っこしますよ」と声をかけて、空港の出口まで一緒に歩いて行きました。そして、迎えにきていたお父さんに眠っている赤ちゃんを渡しました。お父さんもお母さんも笑顔になり、その笑顔で私も幸せな気分になりました。

少しの勇気で周りの人を支えることができたのです。

誰の存在も透明にしないということは、他人を尊重することにつながります。周りへの感謝の気持ちを忘れず、なおかつ人を大事にするということは、生きていくうえでの基本だといえるでしょう。誰かの力になれたときに、人間は幸せのお裾分《すそわ》けをいただけるのです。

第2章

10歳までに
鍛えておきたい20の力

1 自己肯定力

子どもをありのまま受け止める。無条件で愛し、他人と比べない

いま、どこの国でも、子どもが自分を肯定できる「自己肯定力」が重視されています。しかし、日本や海外の小中学生を対象にした調査で、「あなたは自分のことが好きですか」という質問をすると、海外の小中学生の約80％は「好き」と答えているのに対し、日本の小中学生では約60％が自分のことを「好きではない」「あまり好きではない」と答えました。この結果は20年以上変わらないそうです。

また、高校生に「あなたはほかの人と同じくらい価値があると思いますか」と質問をしたところ、海外の高校生の約80％は「自分は他人と同じ価値がある」と回答したのに対し、日本の高校生で「自分には価値がある」と答えたのは40％ほどでした。

これらの調査結果から見えてくるのは、日本の子どもたちが自分の価値をあまり認

めていないという点です。

「自分のことが好き」「自分には価値がある」と思えないというのは、「自己肯定力」が低いことのあらわれです。これは教育者の間で懸念されている大きな課題です。

自己肯定力というのは、
・自分のことを受け入れられる
・誰もが良いところ、悪いところがあるが、この自分と付きあっていく
・私は価値のある人間、生きていく価値もある
・私は愛される価値もあるし、愛される力ももっている
と思えるということです。自分に価値があるということを自分自身が認めることで、人の価値も認めることができます。「自分は人から愛される人間だ」と思えるからこそ、人を愛する気持ちをもつことができるのです。「自己肯定力」が低い子どもは、自分にコンプレックスをもってしまったり、自分の価値をいつも確かめないと不安なため、威張ったり、人をいじめたりしてしまいます。

「自己肯定力」の高い子と低い子とでは、物事の感じ方も大きく異なってきます。素敵な女性を見たとき、別にコンプレックスを感じることなく素直に、「あの女性は服

を素敵に着こなしていて、化粧も上手ね。私もそういうふうになりたい」と思う子は、自分に自信があります。でももし、「それほど素敵ではないし、整形しているんじゃないの？」と嫉妬心が生まれ、相手を認めることができないなら、自己肯定力が低いのかもしれません。

自己肯定力が高い子は「自分には価値がある」「自分は周りから愛される存在」と思うことができ、自分に自信がある子どもです。自分より高い能力をもつ相手に出会っても堂々としていられて、「ああ、素晴らしい」「尊敬できる」「あの子から学べることがたくさんある」と感じます。うらやましいとか、足を引っ張ろうとは思わないのです。「彼女はスタイルがよくて顔がきれいかもしれないけれど、私もいいところがある。冗談が言えるし、料理も上手」と思えるのです。「人は人」「私は私」と、それぞれの良さをもって生きていることを受け止められるのです。反対に、自分より弱い子がいたら助けることができます。

自己肯定力が低い子は人生の中で人をうらやましいと思ったり、人に対して妬みやそねみを感じたりすることが多くなってしまいます。人から低く見られるのを恐れて、楽しいことがあってもそれを感じることができないのです。自信を失って、照れ屋になってしまう子どもは、本当は可能性を秘めているのに、それに気づかず、発揮できないことになりかねないのです。一方、逆に人に対して優越感を得ようとして、誰かを差別したり、弱い子をいじめたりといった行動を取ることがあります。両方とも子どもの健全な心身の成長につながりません。自分は価値ある人間と確信できる子どもに育てるために、自己肯定力を高めるのは絶対条件です。

❖人と比べない

ではなぜ、自己肯定力が「高い子」と「普通の子」と「低い子」に分かれてしまうのでしょうか。それは、その子どもの育った環境の中で「ほかの子とどれくらい比べられてきたか」がポイントになります。

私たち親は、「あの子ができるのになぜあなたはできないの？」とか「お兄ちゃんは上手なのになぜあなたは下手なの？」などの言葉が口癖になっていることがあります。しかし、それは絶対にやめるべきです。なぜかというと、子どもの成長にも学習するペースにも個人差があり、人により得意不得意があるからです。日々比べられていると、「誰々と同じようにならないと、私は価値のない人間」「何々をできなければ、私は愛されるべきではない存在」と無意識に思うのです。しかし、本当はすべての命は愛しい存在、価値も同じなのです。

でも、親が子どもに条件付きの愛情と認め方を押しつけると、子どもたちは自己肯定力を失います。

比べるならば「その子ども自身」と比べましょう。「昨日の自分と今日の自分では何が違うのか」「昨日より少しいい人になったのか」「明日よりいい人になるためには、今日、なんの準備が必要か」という考え方にします。そうすれば他人のペースに合わせるのではなく、その子の能力に合った成長ができるのです。

世間では、子どもをエリートにしないと淘汰《とうた》されてしまうのではないかと親が不安を感じるために、競争が激しくなっています。みんなより先に学ばせないとエリートにはなれない、というような風潮があり、勉強でも先の課題を「早く早く」と親が学習させています。そのような親の態度に子どもたちはプレッシャーを感じているようです。

❖口にしてはいけない言葉がある

よく親が子どもを評価するときに、「よくできたね。いい子だね」という言葉を使いますが、それはやめましょう。よくできなくても「いい子」なのです。できない子には「もう一歩だね、またがんばればいい」と励まします。できた子には「努力が報われたね。よかったね」と成果ではなく、プロセスをほめましょう。

「いい子、悪い子」「できた、できない」などは避けたい言葉です。繰り返し、「できる子はいい子」と聞かされると、子どもが「できる子はいい子なんだ」「できない子は悪い子なんだ」と思ってしまうからです。子どもは、「自分はどっちみちダメな子だ」と思い込んでしまうと、やる気がなくなっていき、一度失ったやる気や自信を取り戻すのには時間がかかります。だから、親は子どもに向ける言葉を慎重に選んでほしいのです。

「バカだね」「頭が悪いね」は絶対に言ってはいけない言葉です。このような、子どもそのものを否定する言葉は避けなければなりません。自分の子どもを本当に「バカだ」と思っている親などいないはずです。親が、つい感情的になって言ってしまっただけでも、「バカだ」と言われた子どもは「私はバカなんだ」と思ってしまいます。

子どもが「バカだね」と思われるような行為をした場合は、「その行為を周りの人が見たら、バカバカしいよ。君は賢い子だから、そんなことやらなくっていいよ」という言葉を子どもにかけましょう。「あなたはバカだからそういうことをやってしまう」ではなくて、「あなたはおりこうで、やってはいけないことだとわかっていて、今回、やってしまったけど、次からはやらないでね」というふうに言葉を変えます。

その行為を非難するけれど、子ども自身を否定しない、直せる力が子どもにあることをお母さんは認めていますよ、と伝えることが必要です。そうすることで、子どもの「自己肯定力」は下がることなく、むしろ上がることになります。

❖親の思い通りだけでいいのか？

親が「言うことを聞く子をママは大好きだよ」と言えば、言うことを聞いたら「愛してもらえる」「抱っこしてもらえる」と子どもは思うでしょう。なんでも言うことを聞けばいいのだと。しかし、そうすることで親の思い通りになる子にしか育たないことがあります。これは「条件付き」の愛し方です。

これからのＡＩ時代には、親を超《こ》える子どもになることが理想です。親の思い通りの子どもでは時代についていけないのです。時代をリードしていく子どもに育てるには、「あなたはママの言うことを聞くいい子ね」ではなく、「それはいいアイディアだね。ママ、思いつかなかった」という言葉を親が口癖にすることです。そうすることで次第に子どもは自分に自信がついてきます。

子どもには、「人を愛する」「人をいじめてはいけない」「命が大事」「嘘《うそ》をつかない」といった基本的なルールは守らせなければなりません。しかし、「15分でご飯を全部食べなさい」「9時には絶対に寝なさい」など、どうでもいいルールは作らないほうがいいのです。子どもにも「今日は眠くない」というときもあるのですから……。「だったらもう一冊本を読んでから寝る？」と言えばいいでしょう。いつも同じように過ごすためのルールなど、なくていいのです。

理由があるものだったらいいのですが、単にルールとしているから守らなければという頑《かたく》なな態度は、ＡＩを意識したときには不要になっていくでしょう。ＡＩは言われた通りにしか作業できません。服従できる子を育てても、ＡＩを超えることはできません。いい意味のルール破りができる人間こそ、新しい時代を作っていけるリーダーになるのです。

親は子どもを見て「私が彼の自己肯定力を下げちゃったのかな？」「この子は周りの人たちを見て優越感を得ようとしているのかな？」「この子はコンプレックスをもっている？」などということに気を配りながら、子どもと向き合い、直していきましょう。

親の態度が変われば、子どもは必ず自己肯定力が高まっていきます。「あなたは周りがどう思おうと、ママにとってはとても大事な宝」「あなたがいることによってママはとても幸せ」など、普通はなかなか言えないかもしれませんが、これだけは覚えておいてほしい言葉として子どもに伝えるようにします。

「自分を信じなさい、周りと比べる必要は全くない」という前向きな言葉が子どもの心に響くのです。

2 恥ずかしさを乗り越える力

恥ずかしがり屋の原因を理解すれば解決できる

恥ずかしがり屋の子には不利なときが多々あります。いまの社会では、意見を言わなければ「無関心」とか「意見がない」と見られてしまいます。場合によっては、恥ずかしがり屋の子は、友だちも作れないし、大好きな人に声がかけられないし、何も考えていないと思われることも……。

自分に助けが必要なときは人に声をかけられない、他人が助けを求めているときには助けたいのに引っ込み思案で恥ずかしがり屋だから助けることができない……。

学校では、授業中に手を挙げて発言する子に「積極性」があると先生は判断します。そして、それが学校の成績の点数に加算されます。そういう意味では、自分の思っていることを言えないと成績に影響してしまうので、自分の意見を言えるように

親は導くことが重要です。

内に秘めた才能があるのに恥ずかしくて表に出せないでいると、周りの大人たちに理解されないまま、不当に低い評価をされてしまう可能性があります。それはとてももったいないことなのです。だから、恥ずかしがり屋の子どもを理解して、世間でうまく自己表現できるようになる練習をさせる必要があります。

恥ずかしがり屋の子どもでも、周りの大人が子どもを励まして愛をもってその子を受け入れる状況があれば、子どもは変わることができます。自分から積極的に話すようになるのです。

❖過剰な自己意識が積極的な発言を妨げる

恥ずかしがり屋の子は周りの様子を観察できる、本当は頭のよい子が多いのです。自分と他人との関係を頭で考えられ、自分の行動は人から見て「どのように見えているのだろう」と心配できる子どもです。他人の目に自分がどう映るのかが気になって、自分の思った行動が取れなくなったり、言いたいことが言えなくなったりするのです。

それはその子に、周りをよく見る「観察力」がある証拠です。自分と異なるものを避けるのは自己防衛の行動であり、恥ずかしがり屋の子はその意識が高いのです。

「自己意識」という言葉があります。ほかの人や物と区別された「自分」を意識することをいいますが、「自己意識」には次の2種類があります。

一つは「セルフ・コンシャス」。

周りの人たちが「いつも自分を見ている」と感じてしまう、ネガティブな恥ずかしがり屋さんです。「過剰自己意識」といえます。このような子どもは観察力があって周りをよく見ることができるため、自分が周りの人から「批判されている」か「評価されている」かということに敏感です。人目が気になって、〝みんなこっちを見ないで〟〝隠れたい〟という気持ちになりがちです。実際には誰も自分を見ているわけではないのに「自分は見られているのではないか」「何か言ったら注目を浴びてしまうのではないか」と思ってしまいます。

もう一つは「セルフ・アウェアネス」。

「自分と人は違うのだ」と認識することができます。人間はそれぞれ個性があり、性格も異なる「違う人間」であると理解したうえで、自分のことも客観的に見ることができます。これが「ポジティブな良い自己意識」です。

　自分の子どもがどちらのタイプなのかを見極めて、励まし方もその子に合わせるように心がけます。

　「過剰自己意識」の子どもだったら、親は「誰も見ていないから大丈夫だよ」という言葉かけをしていくと、もともと観察力があって頭もいいので、自分の意見を言えるようになるでしょう。「ポジティブな良い自己意識」の子どもだったら、「その調子でどんどん自分の意見を言っていいよ」と伝えればいいのです。

❖自己意識と自己肯定力は関連している

「自己意識」は「自己肯定力」とつながる部分があります。自己肯定力とは、前項で説明したように、「自分のことが好き」「自分には価値がある」と思うことです。「ポジティブな良い自己意識」をもっている子どもは自己肯定力が高いです。「自分は自分」「人は人」と思うことができ、自分の考えや思ったことをみんなの前で発言できます。自分自身のことを評価しているので、自分の発言が周りに評価されなくても自分が否定されているのではなく、私の意見があまり良くなかったと認識します。だからもし失敗しても、それは逆に自分にとって学べるチャンスだと思うことができます。

しかし、「過剰自己意識」の子どもは逆に、自己肯定力が低いです。発言をすることで「評価されたくない」「比べられたくない」「間違ったら嫌だ」「失敗したくない」という気持ちが強くなり、自分の思っていることが言えません。いいアイディアがあっても、「言ったら笑われるかも」「みんなと違うことなので言わないほうがいいかな」と思ってしまいます。

このように、自己意識が高いために発言できない子どもの場合は、自己肯定力を高めることが必要です。親は「あなたには価値がある。ありのままのあなたでいい」ということを教えて、自己肯定力を高めます。また、失敗することは悪いことではなく良いことでもあるということ、〝失敗することは学ぶための良いチャンスにもなる〟ことも伝えましょう。

❖できない心情を理解して丁寧に説明する

私は人と話す仕事をしているので、テレビや雑誌のインタビューでは話しますが、じつはかなり照れ屋で人見知りです。一人でいるのが楽と思っているタイプです。私の長男もこのタイプです。「過剰自己意識」ほどではないのですが、子どもの頃は恥ずかしがり屋でした。人懐っこい子なら知らない人にも「こんにちは〜」と明るく笑顔で言えます。でも長男はクールだったので「別に」という感じで、あいさつするように言われると、私の後ろに隠れていました。「なぜあいさつしたくないの？」と、長男に聞いてみたら「知らない人だから」と。「あいさつは相手の存在を自分が認めていることの合図なんだよ。合図されれば相手もうれしいし、心を込めてあいさつするのがマナーだよ」と、私は説明しました。

そして「新しい人と会ったときに、ママがその人と先に話すね。その人がどんな人なのか、君にわかるように説明するから、あいさつする準備ができたときにママのスカートを引っ張って」と言って、その動作も教えました。「そうしたらママがあなたを紹介するから。あいさつできる？」と聞いてみました。長男は「できるかどうかわからない」と言うのです。私は「じゃあ練習してみよう。あなたがあいさつしたら相手は喜ぶよ。やってみよう」と、最初は家で誰もいないところであいさつの練習を2人でしました。練習後、人と出会ったときに長男が後ろに隠れたら、「あー、○○さん。3年前にお会いしましたよね。○○会のときにはお世話になりました。今日はどちらへお出かけですか？」と、長男にわかるように説明を入れて話してみました。その時、長男がスカートを引っ張りました。私は「うちの長男の和平《かずへい》ですよ」と相手に紹介して、長男は練習通りにあいさつできたのです。

慣れてくるとだんだん自分から話せるようになりました。「こんにちは、和平です。ママの長男です」と、あいさつの仕方を覚えたのです。

なぜあいさつできないのかという理由を聞き、子どもの心理を理解することが大切です。そのうえで、あいさつがどうして大事なのかを丁寧に説明します。子どもが納得したら、やり方を教えて一緒に練習すればできるようになるのです。あいさつができるようになると、子どもの自信につながります。

自信がつけば、一人でも自分で努力することができるようになります。

3 意見を言える力

AIがもつ平均値や平均的な回答より自分の意見。訓練で身につける

物事に対して自分なりの考えをもち、それを人に伝えられることは大事です。とはいうものの、自分の意見を言えない子どもは少なくありません。子どもが言いたいことが言えるようになるにはどうしたらいいでしょうか。

そこには「観点」「表現」「勇気」という3つの大切なことがあります。

一つめの「観点」というのは意見のことです。自分の意見がなければ述べる内容がありません。自分の意見をもつためには人が言っていることに興味をもち、耳を傾ける必要があります。大人と話しているときも友だちとおしゃべりしているときも、きちんと聞いて自分の中で整理して理解することから始めます。さまざまなものに関心をもち、好奇心をもって知識を得たうえで、自分はどう思うか考えます。この訓練が

大事なのです。それにはまず、あらゆるものを子どもに見せて、好奇心を引きだしましょう。

さらに、それについて思ったことが言えるように親が質問するのです。たとえば、「この花きれいだよね。初めて見たね」という親の語りかけに対して子どもが「うん」と言ったら、「どこがきれい？」と聞き直し、しばらく答えが出なくても待ちます。子どもが「わからない」と言ったら、「もっとそばで見てみよう。触ってみよう。昨日見た花と比べてみよう。どう？」と、さらに聞きます。「まあまあ」と子どもが言ったら、「じゃあ、あなたにとってきれいな花はどういう花？」というように、意見がないことを親が納得しないで、どんどん掘り下げて質問をして、子どもが思ったことを言えるように訓練します。ずっと追っていくと、「僕はね、葉っぱが多い花は好きではないな」と意見が出てきます。親はさらに、「いままでで一番きれいだと思った花は何かな？」と聞きます。子どもが「バラ」と答えたら、それに対して親が「これはバラと比べてどう？」と聞くと、もっとほかの意見が出てくるかもしれません。子どもはこのように、本当は意見をもっているのですが、自分でも探し出さなくては見えてこないのです。意見がないわけではなく、まとめていない、考えていないだけなのです。いままで探したことがないので、ずっと奥のほうに隠れているのですが、それを引きだす訓練をすることで意見が出てきます。自分の見方が出てくるのです。

❖いつでも自分の意見を言えるように訓練する

ＡＩの時代には自分の意見をもつことが重視されます。ＡＩがもっているのはみんなの意見をまとめた「平均値」「平均的な回答」です。だからこそ大切なのは、誰ももっていない自分の意見を言えることです。時には１００人の中で一人しか考えないような独特の意見かもしれないし、あるいはごく普通の意見かもしれないですが、それでもいいのです。自分の意見をもち、それを表現する訓練をしましょう。子どもから独特な意見が出たら「おっ！　面白い考えだね」とほめます。一般的な意見のときは、「ママもそう思うわ」と同意しましょう。意見を出したことに意義があるのです。

親は子どもと会話するとき、子どもの意見を引きだせるように、意識して会話を掘り下げるようにしましょう。

先ほどの例でも、「葉っぱが多い花は好きではない」と子どもが言ったときに、「ああそうか」で終わらないように。「じゃあどんな花が好き？」「どうして？」「そうだなあ、ママはねえ……」と追求していきます。それは親にとっても訓練が必要です。「あなたはどう思う？」「あなたならどうする？」を口癖にするといいかもしれません。やり取りに少しずつ慣れてきたら、「これは花に見えるけれど、本当は葉っぱかもしれないね」など、話を発展させていくのです。

子どもが、自分の話は相手にとって興味深い話だった、人のためになった、という体験をすることで、次からはもっと早く意見が出てくるようになります。

いまの社会では、自分の考えを素早くまとめて意見として言えることが求められています。しかし、子どものときから繰り返し訓練をしていないと、自分が意見を言うべき大事な場面で、考えをまとめるのに時間がかかってしまいます。

大学生になっても自分の意見をすぐに言えない学生がいます。私が大学で教えていたとき、学生に急に質問すると、びっくりして自分の考えを言うことができず、隣の人に小声で尋ねたりしています。私はあきらめません。「ほかの人に先に聞いて、その後でもう一度あなたに戻りますよ」と言って時間を与えるのです。そして最後にもう一度意見を言えなかった学生に質問します。すると、今度はちゃんと意見を言えるのです。意見がないのではなく、自分の意見を言う習慣がなかったり、随時考えていないだけなのです。時どき、とってもいい意見が出てきます。私は学生たちに再度、チャンスを与えますが、普通の先生なら「答えられないのなら、次の人どうぞ」と言って、もうチャンスはないでしょう。「この子は意見を言えない子だ」と評価されてしまいます。もったいない話です。

このように、いつでも自分の意見をすぐにまとめて言う力を小さい頃から養っておくことは大事なのです。

❖好きなことに詳しくなると情報の提供者になれる

子どもは、自分が詳しく知っていることに関しては進んで話したくなるものです。普段はおとなしくてあまり話さない子が、たとえば恐竜のことになると急にしゃべり出すことがあります。

だから、意見を言うためにはできるだけ多くのことを知っていると役に立ちます。トリビアでも何でもいいのです。「情報の提供者」になれるようにします。ほかの人が知らないことを知っていれば、みんな面白がってくれます。その快感を覚えた子どもは、さらに知識を仕入れたくなります。

うちの長男はつい最近、香水についての分厚い本を読んでいました。長男は典型的な「情報の提供者」タイプで、トリビアから専門知識まで楽しく学ぶ博学ものです。人の知らないようなことをたくさん知っています。「ママはどの香水を使っているの？」と聞くので、その本を見て「これよ」と私が伝えると、彼は「ああ、センスがいいね」と、香水についてかなり詳しい評価ができるのです。だからといって、自分が香水をつけるわけではありません。どんなときでも話題が豊富で、情報の提供者になれるのです。我が子ながら、長男の話の内容が面白いから、だから後輩から尊敬され、先輩からかわいがられるのかなと……。

また、三男はとても人懐っこく責任感が強い子でした。小さいときに、たまに私と三男の2人だけの食事になったときには、私のために話題を用意しておいてくれました。「ママ、これ知ってる?」と。それが簡単な話題で、すぐに終わってしまったときには、「ママ、後ろの絵きれいだよ」などと一生懸命別の話題を探し、話を途切れさせませんでした。私は「この子は世渡り上手になりそうだな(笑)」と思いました。別に、世渡り上手になる必要はないのですが、「意見をもつ」「知識がある」という子どもに育てることは大切です。それは親次第だといえます。

学校の教科書も親子で先に読んでおいて、その単元に沿ったいくつかの知識を子どもの頭に入れておくと、授業のときに役に立ちます。授業中に先生が意見を求めるときに、子どもはみんなに話したくなって「ハイ、ハイ」と積極的に手を挙げるようになるのです。反対に知識がないと、指されたら大変だと考えてしまいます。準備してあげることで、子どもは授業を楽しく受けることができます。

❖小さいときから自分の意見を言う機会を与える

子どもが言いたいことを言えるようになるために大切な「観点」「表現」「勇気」の

うちの二つめは「表現」です。

「自分に意見はあっても、なぜか言えない」という子もいます。その場合は、自分の意見を発表する機会を与えましょう。機会とはどういうことかというと、よく大人たちは「大人はしゃべっているから、子どもは向こうで遊んで来なさい」と言いますが、私はそうしませんでした。私の友だちが来たら、子どもも一緒に座らせて、一緒にしゃべるようにしました。そして時どき「どう思う？」と子どもに聞いたのです。子どもも必ず意見を聞かれるとわかってきて、ちゃんと聞かなければいけないと思って話に集中するようになりました。自分の意見をまとめておかなくてはいけない状況を作ったのです。

次男はいつもユーモアのある意見を言いました。ある時、友だちが来て私のデビュー当時の話になりました。私はいつものように、まだ小さかった次男に「ねえ、どう思う？」と聞きました。意見はないだろうと思いましたが次男は、「ママが『ひなげし』の花のとき、ぼくは『もやし』だった」と。大ウケし、みんな大笑い。次男も心なしか満足げな様子。内容は何でもいいのです。子どもの言うことは何でも面白いのですから。次男は人の前で自分の思ったことをちゃんと言えました。

私は子どもに、とにかく発表の機会を与えて、みんなの前で話すことを訓練しました。「人の話を聞いて」「自分の考えをまとめて」「意見として発表する」ということは、訓練しないと身につかないからです。次男は内弁慶のところがあって、知らない人の前では照れていましたが、いまでは人前で歌をうたうのも劇に出るのも平気です。

大人と一緒の話に入るのがいいもう一つの理由は、無意識に大人の発表の仕方を学習することができるようになることです。大人のしゃべり方をまねて、自分の意見を言えるようになるばかりではなく、話題の提供者になったり、適切な質問ができるようになります。時には気まずい場面を救うような意見を言ったり、みんなの話をうまくまとめることも学べます。これは学校ではとても役立ちます。大人になってからも有利です。

大人の間で話ができる子どもは、子ども同士の間では簡単に話せるようになるのです。意見を発表する機会を多く与えると、子どもはいつの間にか、意見をもつ、意見を言えるようになります。

❖正しい答えを出そうと思わなくていい

子どもが意見を言えるために大切な「観点」「表現」「勇気」のうちの最後は「勇気」です。勇気がないと「間違った意見を言って笑われたら嫌だなあ」と思ってしまいます。自分があまり知らないことは、大人でも黙っていようと思うものです。

しかし、世の中には100%正しい答えはないのです。シロクロ決められずグレーのものもあれば、角度を変えると全く姿が変わるものもあります。だから、正しい答えを出そうと思う必要はなく、答えの一部を出せばいいのです。「自分の意見はあくまでも一つの意見で、全体のほんの一部にすぎない」と思えば気が楽になります。たとえ、どんなに素晴らしい学者でも、言っていることは全体から見ると一部分だけなのです。もし間違ったことを言っても、気づいて直せばいいのです。正確に言おうと思うと何も言えなくなってしまいます。

「間違っても大丈夫だよ」と子どもに教えます。すると、思いがけないところで素晴らしい答えが見つかることがあります。

スタンフォード大学の講義で、私は大変な思いをしたことがあります。「いい家庭ってどんな家庭だろう」と先生に聞かれた私は、「親がいて子どもがいて……」と言ったら、ほかのクラスメイトから一斉に反論されたのです。「私は母子家庭で育った。私の家庭は幸せではない、いい家庭ではないと言うのですか」「私は両親が離婚しているが、じゃあダメですか」など。時間になったので先生が「明日までに考えてらっしゃい」と言いました。家に帰っても3歳の長男とまだ赤ちゃんの次男しかいません。お風呂に入ったとき、私は3歳の子に相談しました。「いい家庭ってなんだろうね」と。そのとき彼はお風呂で遊んでいて私の言うことなど聞いていない様子でした。ところが、お風呂から出て寝ながら次男におっぱいをあげているとき、長男が急に私に言いました。「いい家族って、思い出したときこのへんが熱くなるんだよ」と胸のあたりを指さしました。その言葉を聞いて、私は泣きました。それが真実を突いていたからです。

なぜ彼がいい家庭の本質を理解できていたのか、いまでも不思議です。

次の日、大学で長男の言った言葉のまま発表してみたら拍手が起こりました。「私の意見ではなく、3歳の子が言ったことなのです」と言ったら、とてもびっくりされました。でも本当にその通りなのです。先立たれても、離れても、別れても、思い出すと胸が熱くなるのがいい家庭なのです。

子どもと会話するというのは、子ども自身が意見をもてるようになるばかりでなく、親も得ることがたくさんあります。話せば話すほど、子どもは知識が増えて意見をもつようになります。そして機会を与えれば発表するコツを覚えます。

「間違ってもかまわない、どんな意見でもいい意見なのだ。勇気を出せば話せる」と励ますことが大事です。

4 あきらめない力

あきらめなければ失敗はない

何かに挑戦するときに、達成するまであきらめない子もいれば、途中でやめてしまう子もいます。このような違いは、「子どもの性格だから仕方がない」と考えてしまう親もいるようです。確かに子どもにはそれぞれ生まれながらの性格があります。でもそれが一生を通じて変わらないわけではありません。あきらめやすい性格に生まれたとしても、親の態度によっては、あきらめない力をもつ子どもになれるのです。

❖あきらめやすい「固定思考」を、あきらめない「成長思考」に変える

スタンフォード大学の心理学教授・キャロル・ドゥエック氏は、人は「固定思考」の人と「成長思考」の人に分かれていると言います。思考によって、物事に挑戦する

ときに、あきらめやすいのかどうかが決まると言います。「固定思考」の人は、能力は生まれつきで何をやっても変わらないと思っています。「成長思考」の人は、能力は努力によって伸ばせると思っています。

子どもが途中であきらめる原因の一つは、「固定思考」と言われています。いくらやってもうまくならないのは自分に「能力がないからだ」と考えてしまい、続けてやっても「また失敗するかもしれない、無駄だ」と考えて、いっそやめたほうがいいと思うのです。つまり、「自分ができないのは生まれつきなのでどうしようもない」「自分はそもそも頭が悪いから勉強ができない」と考え、うまくいかないのは自分に能力がないからで、どんなに努力してもダメだと思ってしまうのです。「私は生まれつきできない子」と思い込んでいるので、ちょっとつまずくと、すぐにあきらめたくなります。そして、そのまま思考を変えないと、ほかのことにも挑戦しないで避けるようになります。それは、もし失敗したら、改めて自分が「できない子」であることを実感するので、余計にショックを受けるから。やらないほうがいいと思うのです。

一方、「成長思考」の子は、生まれつきの能力よりも後天的な努力を大切なものと考えています。そもそも自分が賢いか賢くないかなどにこだわりがなく、学べば自分の身につく、努力すれば進歩すると信じています。

自分の子が「固定思考」なのか「成長思考」なのか、どちらの傾向があるのかよく見極めなければなりません。でもその前に、まず親自身がどちらなのか自分に向き合う必要があります。親が固定思考なら、子どももそうなりやすいからです。「成績が悪いね、ママも悪かったから」などと親が言うと、子どもは「成績が悪いのは遺伝、仕方がない」と思ってしまうのです。親の思い込みに影響され、親の思い通りになろうとしてしまいます。子どもが何かできないときの言い訳に使うようにもなります。

「固定思考」の親は、子どもが何かできたときに「頭がいいね」「天才」と言って子どもをほめる傾向があります。これは、逆にできなかったら「頭が悪い」「バカ」というメッセージを送っているのと同じです。これでは親も子も「固定思考」に縛られたままです。

「固定思考」のためにあきらめやすい子どもも、親の態度が変われば、「成長思考」に変われます。「成長思考」になれば、あきらめずに努力を続けていけるようになり、そのプロセスを通してどんどん成長できるのです。「努力すればできる」「パーフェクトになる必要はない」「楽しんでやることが大事」と励ますことが大切です。

できたときは地頭をほめるのではなく、「よくがんばったね」「楽しかった?」「次のステップにいこうか」と努力したことをほめましょう。そうすると子どもは、人間は積み重ねによって、どんどん成長すると実感するのです。失敗したときも「よくがんばったね」「楽しかった?」「次のステップに行こうか?」と同じく励ましていきましょう。失敗したときと成功したときの親の気持ちは同じです。子どもはそのプロセスの中で何を得たのか、どこが楽しかったのか、次は何をすればいいのかを考えればいいのです。この態度が子どもを「成長思考」に変えていけるのです。

それでも子どもは時どきやめたいときがあります。その時はやめたい原因を探ることが大事です。「固定思考」でやめたいのか?　それとも、その習い事に意味を感じないのか?　学んでいることが嫌いなのか?　一緒に習っている仲間が嫌なのか?　先生に対する苦手意識があるのか?　原因をゆっくり聞いてあげて、場合によっては、状況を変えてあげれば、やる気が出てきます。でも、もし原因がその習い事が嫌いな場合は、無理やりやらせることは決して良くないと思います。たとえば、ピアノや水泳など、勉強以外の習い事をしていて、子どもが好きではなく面白くないというのであれば無理にさせることはないと、私は思います。むしろ、本当に子どもが無我夢中になれるものを探してあげるべきです。本当に好きな習い事をすれば、その子は途中であきらめないでしょう。

❖あきらめなければ失敗はない

誰でも何かしら「固定思考」があります。女性にありがちなのは、数学や科学に対する苦手意識です。男性なら料理や編み物などが最初から下手と思いがちです。でも、料理人やデザイナーとして活躍する男性は多いです。女性の科学者もたくさんいます。このような思い込みは性別に対する固定観念にすぎないです。

「○○だから、できない」というのは「固定思考」のあらわれです。私はいつも子どもに、「自分に逃げ道を作っておかないように」「好きでないことなら途中でやめてもいいけれど、やる価値があると思うなら、時間がかかっても最後までやり通そう」と言っていました。

やり始めたことをやめなければ、失敗ではありません。走りつづければ、目標に100％たどり着かなくても、気づいたら近いところにいる場合が多いのです。

夢をあきらめなければ、いつまでも夢の途中にいるのです。

❖ロッククライミングに挑戦して成長思考に

私は以前からロッククライミングにあこがれていましたが、60歳を過ぎた自分が挑戦できるとは思っていませんでした。でも、たまたま三男がやっていたので、思い切って「ママも一緒にやってみたい」と言って、実際にやってみることに。命綱を装着して壁を登っていくのですが、足で体を支えて手を離さないと次に行けません。でも、それが怖くてできないのです。「足を信じなさい」と息子に言われて、足に力を入れると、ちゃんと足だけでも立てたのです。新しい感覚でした。初心者でもやってみれば何とかなるものです。壁の上まで行けたことに驚きました。達成感があって、とても楽しかったです。

いままで感じたことのない全く新しい感覚のロッククライミングに、思い切って挑戦してみてつくづくよかったと思います。無理だと考えていたことを一つ克服できた、それは私の固定思考から成長思考への変化でした。

自分には無理だと感じていたものでも、やりたいと思っているなら、あきらめないで挑戦すれば得るものが大きいのです。

5 適応力

毎日変化、想定外の楽しさから適応力が高まる

環境の変化にそって自分を変えていける力が適応力です。適応力はどのように育てればいいでしょうか。

❖変化のある生活から適応力は生まれる

子どもの適応力を高めるためには、親は毎日同じ生活にならないように努力します。生活が毎日違うと、子どもの脳が活性化して、臨機応変に対応できるようになるからです。

子どもに「毎日、違った驚きがある」「想定外の楽しいことが起きる」「毎日、学んで感動できる」という変化のある毎日を与えてあげましょう。そんな毎日を送ってい

る子どもは、「変化はいいことで恐れる必要はない、抵抗したりせずに受け入れればいいのだ」と感じ、適応力が高まるのです。

反対に、毎日同じ生活の繰り返しでは、子どもの適応力が下がってしまいます。毎日同じようなものを食べ、同じようなスケジュールで過ごすことは子どもたちにとって一見、居心地がいい環境です。しかし、3時におやつを食べる、寝る直前にお風呂に入る、というようなことが習慣化されると、自分が最も快適だと思う範囲が固定化されてしまいます。快適だと思う範囲から少しでも外れると、居心地が悪くストレスがたまって嫌だと感じるようになるのです。新しいものを受け入れよう、食べたことがないものも食べてみよう、と思えなくなっていきます。

人間関係も同じです。毎日、気が合う人と付きあっていれば居心地がいいですが、次第に気が合う人としか会いたくない、気が合わない人と付きあうのはストレスがたまるから嫌だ、という気持ちが生まれます。「これは食べたくない」「この人とは話したくない」「このベッドは硬すぎる」など、決まりきった生活しか居心地がよくないと感じる子になってしまいます。

いまは一瞬一瞬で変わっていくような世の中です。私たち親は子どもを、雪山でも砂漠でも川の近くでもどこでも生活でき、どこにいても楽しみを見出《みいだ》せるような人間に育てたいものです。どんな状況でも慌てない、苦痛に感じない子どもを育てていくのが未来に向けた子育てです。

砂漠で生活するために、どうすればいいのか？　雪山では何が楽しいのか？　自分のコンフォートゾーン（居心地のいい場所）以外でも、楽しく生きていける人間が必要な時代になってきました。だから、子どもたちに違う毎日を用意しましょう。思いがけないことが起こる毎日で、悩んだり、楽しんだり、お腹《なか》をすかせたり、食べすぎたり、トイレのないところに行ったり、ベッドがないところで寝たり……。そうすれば、自然に適応力が育つのです。

❖親が変化のある毎日を工夫する

私は子どもたちにとって毎日が違う日になるように心がけました。仕事が終わって車に乗ったとたんに、今日は何のサプライズにしようかと考えたものです。彼らは「ママが帰ってくると何かが起こる」と思っていて、それを楽しみにしていました。

たとえば、ご飯を食べ終わってそろそろ寝ようかなというときに、私は突然「今日は『夜サッカー』しようか」と言って、屋外で明かりもない中、子どもたちと一緒にサッカーをしました。ボールがどこに行ったかわからないのでみんなで探したりして……。子どもたちは大喜び。帰ってきてお風呂に入り、いつもよりもぐっすり寝ました。

わずか30分ですが、楽しく遊んだことによって母親に会えなかった時間の寂しさが消えたのではないかと思います。同時に、真っ暗な中でどうやって遊ぶかということも覚えたようです。

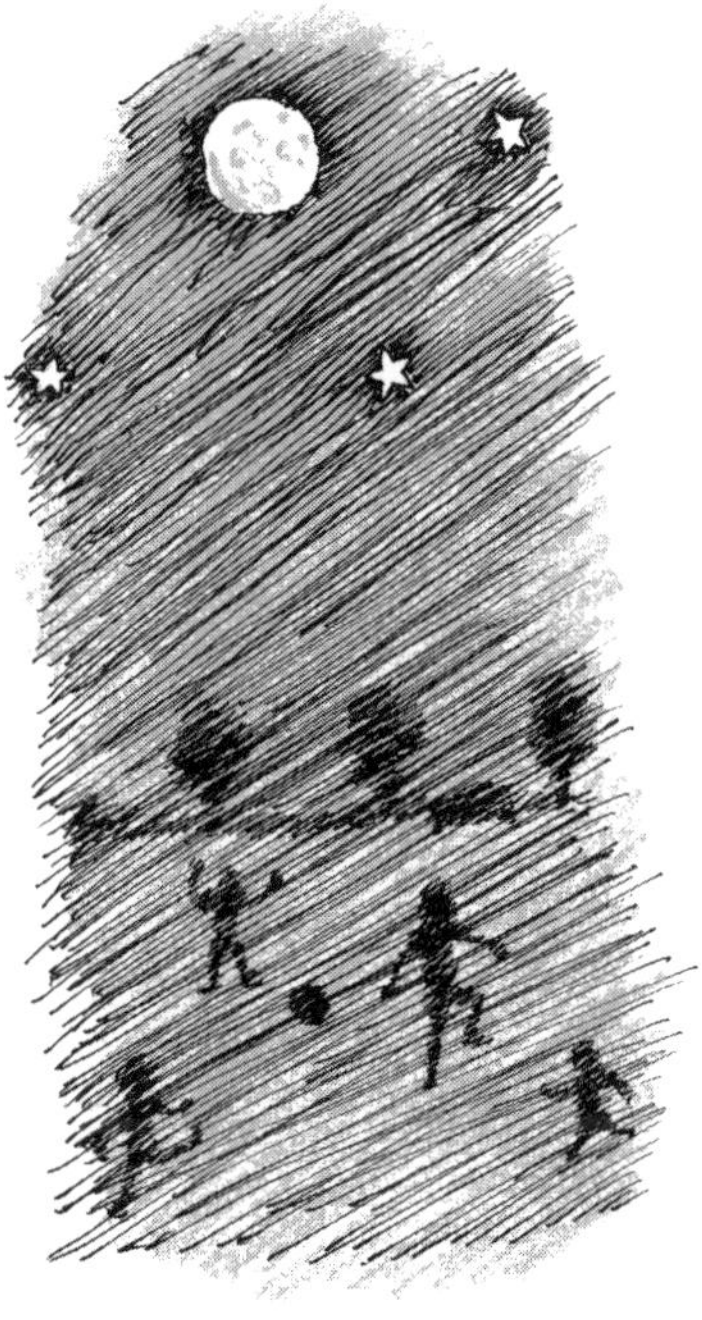

パパ（夫）もこの教育方法には大賛成でした。驚きがあったほうが子どもたちがたくましく育つという考えでした。パパが帰宅して突然、「今日、これから星を見に行こう」と言ったことがありました。「明日学校です」と言っても、「明日は欠席。早く準備しよう」とパパ。子どもたちは「えーっ」と驚き、私が「学校に行かなくていいの？」と聞くと、パパは「人生は長いから、たった一日学校を休んだって問題ないよ」と言いました。大急ぎで準備をして車で郊外に行き、地面に座って星を見ました。ただそれだけです。それから一生懸命、民宿を探して、みんなでワイワイ温泉に入って、学校を一日休んでおいしいものを食べて……。これは一生忘れません。いま考えると変な親だったかもしれませんが、いまでも子どもたちはこの時のことをよく覚えています。想定外の驚きが喜びを運んでくれた体験でした。

私たちは、「毎日違う生活を送るのが楽しい、当たり前の毎日はない」ということを子どもに教えたかったのです。子どもが小さいとき、毎日決まった時間に寝かせたわけではなく、よく夜更かしをしました。寝る時間が短くなっても、その分ぐっすり眠れば問題はありませんでした。同じお風呂に入るのでも毎日違う入り方をしたりしました。温泉の素を入れたり、泡風呂にしたり、りんご風呂にしたり……。とにかく大きな楽しみや小さな楽しみが積み重なる毎日、明日は何があるのだろうと楽しみな毎日にするように心がけました。家族で釣りに出かけて山の中で道に迷ってしまい、「どうやって宿に帰ろう」というときもありました。

それも子どもたちにとってはよい経験でした。パパもママも冒険仲間という感じでした。もちろん、遊んでばかりではないです。子どもたちは学生なので宿題もやって、試験前にはちゃんと準備をしました。しかし、できるだけ毎日が新鮮で「明日は何があるのだろう。今日寝たら、明日が楽しみ」という生活をさせるように意識しました。彼らにも居心地がよいと感じる範囲はありますが、それでなければ生きていけないという人間にはなってほしくなかったのです。

❖どこにいてもやっていける人に

子どもたちはどんなところに泊まっても、絶対に文句を言いませんでした。騒がしい環境でも宿題ができました。暑くても寒くても不平を言いませんでした。それは訓練したからこそです。居心地が悪い場所に行っても、逆に快適に過ごせる空気を周りに作ることができます。苦痛を感じないで、慌てない、どこでもやっていける、これが適応力です。

適応力は人間関係にも影響します。新しい出会いに戸惑《とまど》う人を見かけたりします。慣れている人とは交流できるが、慣れていない人だと、コミュニケーションが取れない……、それは子どもが小さいときから、人間は一人で生きてはいけない、人といい関係を作るのは大切なことだと教えられてこなかったからだと思います。

さらに、人間を知るのは面白いことと教えてあげてください。一人一人の人間には、それぞれに「生きている物語」があります。話を聞いていくと、必ず面白く感じて学ぶものがあります。だから私は、人に対して興味をもつよう子どもに伝えました。ポイントは「できるだけ自分を忘れよう」です。自分のことを話すよりも人の話を聞くことが大事なのです。これはなかなか難しいことです。人間は生まれながらに自己中心的です。これを理解すれば、自分を積極的に抑えることができます。自分を積極的に忘れて、他人に興味をもつことこそ多くの友だちができる秘訣《ひけつ》なのです。自己中心の意欲を抑えられる人は友だちに信頼されます。そういう人はどこにいても歓迎されて、過酷な状況の中でも、助けてくれる人が現れ、生きていけます。

これも適応力の一つです。

未来の社会では、月に行くかもしれないし、火星に行くかもしれないし、全く言葉がわからないところで働くかもしれません。どこにいてもやっていけるような、新しい環境を受け入れて楽しめる強さがとても大切です。

6 積極的に学習する力

子どもは本来、積極的に学習する生き物。その意欲を消してはいけない

「うちの子は積極的に学習しない」という親の声をよく聞きます。誤解している人もいるようですが、〝子どもはみんな積極的に学習する生き物〟です。なぜなら命は学習によって維持されているからです。

私たちは生まれてすぐの時期から、どうやって泣いたら母親が来ておっぱいをくれるのか、暑いときにどうやって泣いたら服を脱がせてくれるのかなど、生きるうえで必要なことを絶えず積極的に学んでいます。

人間は学んで覚えてそれを積み重ねて、新しい方法を生み出せるように進化してきました。「学習をやめなさい」と言われてもやめられないのです。どんなことでも子どもたちにとっては新鮮で、見たとたんに好奇心が湧き、学習したいと思うのです。

だから「どうすれば積極的に学習する子どもに育つか」ではなく、「どうやって子どもの積極的に学びたい気持ちを保つか」なのです。子どもが積極的に学びたくないのなら、どこかで周りが意欲をつぶしたのかもしれません。意欲を保つためには、「好奇心をもって学び、そのことに喜びを感じる」という繰り返しが大切です。

では学習とはなんでしょうか。周りの世界を見て、いままでの自分の中の経験と合わせて自分なりに理解し、その新しい知識をいつか使えるときのために保存する、というプロセスが学習です。誰かに押しつけられたものではなく自主的でなければなりません。教室で先生が教えても、子どもが自発的に自主的に学んでいこうと思わなければ、学習していることにはならないのです。家庭でも子どもが学びたくないと思ったら、いくら親がやらせようと思っても無理です。学習とはどんなときでも積極的なプロセスなので、自分がやりたいときでなければ効果は出ないのです。

心理学の研究を通してわかったことですが、小学3年生以降、子どもたちの好奇心と積極的な学習の意欲は、多少、低下していきます。

なぜ低下するのか？　いくつか考えられる原因があります。

学習しているものが直接生活に結びつかないので、学習する理由が不明確のため、子どもは必要性を感じず、やめたくなります。また、学習するものに興味がなく、もっとやりたいことがほかにあることも考えられます。学習する方法が自分に合わない、いくらやっても成果を感じられないので、無駄な努力をしたくない、ということもあります。これらが原因で、子どもたちは学ぶことが苦になり、特に義務教育の体制の中で学ぶ楽しさを忘れてしまいます。

どうすれば意欲を失わないでいられるでしょうか。いくつかの方法があります。

❖興味のある本を読めば自分で学べる

私がまず提案したいのは子どもたちにたくさん本を与えることです。生活の中に本を取り入れて、小さいときから本を読む習慣をつけます。図書館に連れて行き、本を通して自分の好きなものについて学べるということを教えましょう。好きなものを学んだとき、子どもは脳の中で花火が上がるような楽しさを感じます。そういう本が見つかるように、子どもに絶えず多様なジャンルの本を与えて、興味のもてる本を見つけ出せるようにしてあげましょう。

うちの長男は図鑑がお気に入りでした。魚の図鑑をボロボロになるまで読んでいました。『ファーブル昆虫記』なども好きでした。いまでもノンフィクションをよく読んでいます。一方、次男はずっとファンタジーが大好き。『ダレン・シャン』や『ハリー・ポッター』などのシリーズを何度も読んでいました。『星の王子さま』もお気に入りでした。三男はなんでも好きでなんでも読みました。特にデザインの本が好きだったようで、表紙が取れてしまうほど読み込んでいました。

このように兄弟でも興味がある分野は全く違います。でも共通しているのは、「本から好きな知識を得ることができる」という認識です。これは学ぶ意欲を積極的に保てる大事なポイントです。

自分で好きなものを学べる、自分の学びたいときに学べる、知識は限りなく私たちを待っている、とわかることが大切です。好奇心が湧いたときに、受け身ではなく、積極的に学ぶことを自ら進めていくことができるのです。

家庭では、子どもの周りに本をたくさん置いておくようにします。そうすれば子どもはいつでも自分で学べて、学んだときの楽しさを覚えられるのです。サッカーが好きな子なら、サッカー選手が書いた本やサッカーの歴史についての本を読み、サッカーについての小さな博士になっても楽しいです。ファッションが好きな子ならファッション雑誌を読むのもいいでしょう。漫画もいいところはあるのですが、創造力が育たなくなる恐れがあるため、私は小さいときには読ませませんでした。

そして学習で大切なのは、学んだものを使うことです。人は学んだことを誰かに教えなければならないときに、最もよく知識が脳の中に定着します。子どもが新しい知識を身につけたときには、人に教える機会を作りましょう。我が家では家族の間でよく、自分たちが読んだ本の内容をお互いに教え合っていました。人に教えるためには、積極的に学ばなければなりません。まとめる力も必要です。

人に教える機会が子どもたちの学ぶ意欲をさらに高める大事なことです。

❖勉強と遊びの区別をつけない

母親が子どもに向かって「勉強が終わったら遊ぼうね」とよく言います。子どもは「勉強と遊びは別のもの。勉強は責任で、遊びは楽しいものだ」と理解してしまいます。その言葉は勉強に対する興味を下げてしまいます。親は「勉強も遊び」「遊びも勉強」というように、境目をなくして考えるようにしましょう。

私は息子たちが小学6年生までは、できるだけ毎日、一緒に宿題をやりました。楽しくゲームみたいに宿題をやれるように工夫したのです。いつも言っていたのは、「ママはすごく宿題が好き。でも大人だから宿題がないの。君たちは宿題があっていいね」。だから「ママが帰って来るまで宿題はやらないでね。ママの楽しみを取らないで。ママが帰って来てから一緒に宿題をやろう」と言っていました。時どき私の帰りが遅いと、息子は先に宿題を終わらせています。私が帰宅して「えー、待ってくれなかったの？」と言うと息子は「ごめん」と。「明日は絶対に待っていてね。ママ今日、宿題やれなかったから残念」と言います。

息子は宿題をするのは楽しいことなのだと思うようになります。そうすることで子どもの学習に対する抵抗感がなくなっていきます。時には子どもが、「ママが帰って来る前に宿題をやってしまったけれど、ママに宿題をチェックさせてあげるからがっかりしないで」などと言っていました。「宿題が大変」「宿題があるから、ほかのことができない」という雰囲気を家でなくすことは、子どもたちが宿題に楽しく取り組むための一つのコツです。

もう一つ大事なのは、学んだことを実際に子どもに体験させて「立体化」させることです。

雨について学ぶのなら雨が降っているときに外で遊ばせ、「なぜ雨が降るのだろう」と考えさせます。また、歴史上の人物について学んだら、その人に関するテレビ番組を見たり、歴史博物館に行ってその人が残したものを実際に見せたりします。このように五感で体験させて「立体化」していくと勉強が楽しくなります。そうすることで文字で見るだけのときよりも記憶に残りやすいのです。

反対に、遊んでいるときも学習に巻き込みます。たとえば、「だるまさんがころんだ」をやっているときに、鬼と自分は「何メートル離れているのだろう」と考えさせます。小さなことでも考えることを織り込んでいくと、結果として学習になり、子どもは「遊んでいるときも何かを学べる」「学ぶときはすごく楽しい」という印象をもつことができます。

❖子どもが本当に学びたいものを学ばせる

子どもに学ぶ楽しさを教えるために、子どもが本当に好きなもの、やってみたいことをやらせるのはいいことです。学校の勉強以外に子どもが本当に学びたいものを選んで学ばせます。

たとえば言語に興味がある子どもなら、「みんなが英語を習うから」というような理由で英語を学ばせるのではなく、いろいろな言葉を聞かせて、「どんな響きが好き？」と本人に決めてもらうのがいいと思います。フランス語が好きかもしれないし、タイ語や中国語が好きかもしれません。子どもが興味をしめした言語を選べばいいのです。好きであれば、子どもはあっという間に上達します。

私の息子たちはみんな音楽が好きでした。私は息子たちに楽器を習わせました。最初はピアノです。ピアノは脳の発達にいいのでやらせたのです。でも、３人ともあまり練習はせず、次男以外はそれほど上達しませんでした。次に、私は息子たちにギターを教えました。すると3人とも気に入り、夜中まで練習をしていました。「もうやめなさい」と言っても、練習をやめなかったのです。好きなものだったら「もうやめなさい」と言っても子どもは練習しつづけます。これは楽器に限らず、学習にも言えることです。

❖モデルをもたせる

子どもが「あこがれの人」「この人を目指したい」というモデルをもつこともいいことです。子どもの心の中にそういう人がいるのなら、「あの野球選手みたいになりたいのなら、バッティングが上手にならないといけないね」「あのノーベル賞学者のようになりたいのなら、数学が得意にならないといけないね」と。もし子どもにそんな目標とする人がいたら、親はそれを後押ししましょう。しかし日本では、子どもにとって「あこがれの人」があまりいないそうです。日本の多くの子どもは「尊敬する人はママ、パパ」と言います。それはそれでとってもいいことです。でも、それ以外に世界に目を向け、いつかは親を超《こ》える人間になってほしいのです。そのためには子どもの視野を広める必要性があります。

世の中には多種多様な人がいるということを教えましょう。いろいろな生き方がある、無限の可能性もあります。その中から、子どもに何かしら目指すものが出てきてくれれば、自ら それに向かって勉強するようになります。

夢をもたせることこそ、積極的に学ぶ意欲を高める最高の方法です。

❖その子に合った有効な学習方法を早めに見つける

子どもによって有効な学習方法は異なります。声に出して読まないと覚えられない子どもがいます。あるいは、誰かが読んだものをCDなどで聞くほうが覚えやすい子もいます。読むだけでなく、ノートに書いて覚える子もいます。また、勉強中は雑音があったほうがいいという子もいます。一人で勉強したい子もいれば、みんなと一緒に勉強したい子もいます。食べながら勉強したい子もいれば、食べないで集中したい子もいます。家の中で勉強したい子、外で勉強したい子……。一番効率的な勉強法は人それぞれです。

私の三男は雑音の中で勉強したい子どもでした。「テレビを見ながらではなく、自分の部屋で集中してやりなさい」と言っても、結局、自分の部屋で音楽を聞きながら勉強していました。みんながしゃべっているところ、テレビの音がするところを好んで、本を持って勉強しにやってきます。

私は歩きながら勉強したいタイプです。本を持って、部屋の中をグルグル歩きながら勉強します。それが一番頭に入る方法です。子どもが小さかったときはおんぶ紐《ひも》で赤ちゃんを背負って、グルグル歩きながら勉強しました。何か書かないといけないとき、私は食べながら書きたいタイプです。おせんべいやポテトチップスなど、噛《か》みながら書くと、早く書けます。

このように自分に合った学習の方法はみんな違います。みんながいいと思う、机に向かって、静かな部屋で勉強するのがベストの勉強環境とは限りません。子どもに有効なやり方を早めに見つけることが大事です。

できれば小学生の頃に気がつくと、その後の勉強が楽になります。日頃子どもの勉強方法をよく観察して、「自分で何がいいか試してごらん」と勧めて、親子でベストな勉強環境を探し出してください。

その子に合った学習方法が見つかったら、余計なエネルギーを使わずに、効率よく勉強ができます。そうすると、子どもは勉強した分、成果が上がるので、勉強に対する抵抗感が減り、勉強意欲が高まります。

7

家事力

家族の一員としての所属感をもてば自ら家事をやる

子どもに家事をさせて「家事力」をつけるには、「所属感」がカギになります。家庭と家に対する「所属感」です。私は子どもが小さいときは、できるだけ家で、家族で過ごすようにしていました。一緒にご飯を作って食べたり、話をしたり、みんなでゲームをやったり、時には友だちを呼んだりして、〝家族と一緒だととても楽しく温かい〟と子どもが思えるように心がけていました。「家族の中で自分は必要な人間なのだ」「家族も自分の愛情や思いやりを必要としているのだ」と感じることさえできれば、子どもにも家族でこの家を支えていこうという「所属感」が生まれます。

自分はこの温かい家族の一員だ、ここはいつでも帰りたい大好きな場所だと感じられると、家を大事にしたいという思いが湧いてくるのです。子どもは「所属感」をも

つことで初めて、家事をやろうという気持ちが芽生えます。

反対に、子どもに「所属感」がないと家事をさせるのは難しいと思います。家族があまり一緒にご飯を食べない、みんなで話をしない、それぞれが自分の部屋に閉じこもっているなど、家族の愛情を十分感じることができない家庭では、家にいても居心地が悪く、子どもは所属感をもちにくいでしょう。「家事をやりなさい」と言っても、「どうして？　なぜこの家族のために僕（私）がやらなくてはならないの？」と思ってしまいます。

家事は言われるからやるのではなく、子どもが「自分とみんなのためにやりたい」と心から思えるようになることが大切です。

❖家事は家族全員が100％の責任をもとう

子どもに家事をやらせる前に、まず親が「この家では、このぐらいきれいな部屋の状態が一番快適だ」という基本形を示します。もちろん、母親や父親のできる範囲でかまいません。この基本形がないと、子どもたちが家事をしようと思っても、どれだけやればいいのかわからないからです。親がご飯も作らない、掃除も片づけも洗濯もやらないのなら、子どもは家事をする必要がないと思ってしまいます。

基本形ができていれば、「家がこれぐらいきれいなら快適に暮らせる」ということが子どもにもわかってきます。そこから「この家が好きで、この家で生活している人が好きだから、自分も家事をしてこの家を守りたい」という思いが育つのです。

子どもが小さいときは、「子どもだから何もやらなくていい」「あなたは勉強していればいい」と言って家事をやらせない家庭も多いようです。しかし、ある程度成長してから突然「家事をやりなさい」と言われても、子どもが受け入れることは難しいでしょう。小さい子どもでも、家族のためにできることがあります。自分も家族の一員なので家事をやって当たり前だ、と感じられるようにするのが大切です。

多くの家庭では家事をするとき役割分担をするようです。たとえば、母親はご飯の支度をして、父親は片づけをするというような分担です。あるいは、父親はお風呂掃除、母親はほかのところの掃除、子どもは洗濯物をたたむ、新聞を取ってくる、ごみ出しをするなどです。

じつは、私はこのやり方はあまりよくないと考えています。なぜかというと、自分がその分担の仕事をやってしまったら責任が終了してしまうからです。そうではなく、たとえば母親の体調が悪くて部屋の掃除をするのが辛《つら》いときには、役割分担にとらわれずに、父親が部屋の掃除までしてもいいのです。

一番望ましい考え方は、家事は一人一人が100％の責任をもつことです。「ほかの家族がみんな倒れてしまったら全部一人でやることになる。だから一人で全部できるようにならなければいけないのだ」と子どもに教えます。

食事も作れる、アイロンもかけられる、掃除もできる、洗濯物をたたんでどこに入れるのかわかる、お風呂掃除もできる、電球も替えられる、どこにごみを出せばいいかわかるなど、家族一人一人がすべての家事をやれるのが「家事力」です。

だから小さいときから料理、掃除、洗濯の仕方を子どもたちとパートナーに教えることが大切です。全部の家事を一人でやるのは当たり前で、みんなそれぞれ忙しいから、手があいているときに自分ができることからやろう、という家庭では「家事力」が育ちます。

❖家事力が高い我が家の3人の息子

我が家では子どもが小さかった頃、母親である私が朝一番早く起きてご飯を作ったりお弁当を作ったりしていました。私ができないときはパパがやりました。その間に子どもたちは着替えなどを済ませます。準備が早く終わった子は新聞を取りに行き、ついでに植木に水をやります。

そして、誰かが何か家事をやってくれたら、必ずその人にお礼を言いました。そうすると、子どもも、「本当は朝ご飯は自分も作らなければいけないけど、着替えをするので時間がないから母親が代わりに作ってくれた。ありがとうと言わなければ」と感じるようになります。私が子どもを学校に送って行くときには、着替えるので、その間に夫がお弁当箱を包んで、車をすぐ出せるようにします。子どもたちは朝ご飯のお皿を台所に出してくれたりします。その時、「お皿出してくれて、ありがとうね」と、子どもにお礼を言うのも忘れませんでした。

また時どき、仕事が終わって、みんながお腹《なか》をすかせて待っているからと急いで帰宅すると、家に入ったらいい匂いがすることがあります。パパがご飯を作ってくれているのです。そういうときは本当にうれしいです。自分がやるつもりの家事を誰かがやってくれた！　この気持ちをみんなに植えつけるのが大切です。

また、とても疲れていて「今日はもうダメだ、洗濯できない」と、次男や三男と一緒に倒れるように寝てしまったこともありました。夜、トイレに起きたら洗濯機が回っているではありませんか。パパが洗濯してくれていたのです。これもうれしかったです。洗濯後に子どもたちが洗濯物を乾燥機に入れて回してくれたことは、なおさらうれしいことでした。

いまの日本のお母さんは、働いて子育てして介護もしてと、全部一人でやっている人も多く、負担が大きすぎると感じます。家事は100％家族一人一人の責任。家族のみんなが、自分のできる家事をやり、誰かがしてくれたことに対して感謝するようにするのは子どもの教育上、とってもいいことです。

それに、家事は一人でやるより家族みんなでやれば早く終わります。みんなでやって早く終われば、団欒《だんらん》する時間が増えます。だからみんなでやろう、というのが我が家の基本です。そのおかげでいま、子どもたちはみんな家事が全く問題なくできます。男の子3人ですが、全員料理も、掃除も、洗濯も、アイロンがけもできます。

家事力は生活力です。自立できる人間の条件の一つです。時代が変わって、女性だけが家事をする世の中ではなくなりました。さりげなく家事をする男児は素敵だと思います。

❖苦手な家事があっても対処法を考える

じつを言うと、私は片づけが上手ではありません。清潔を保つために掃除はしますが、物をきれいにまとめたり、しまったりすることがあまり得意ではないのです。夫はきれいに片づけるタイプで、次男は夫に似ているようです。次男の引き出しを開けると、服がきれいに並んでいます。長男と三男は私に似て、あまり片づけが得意ではありません。そのために、彼らが寮に入ったときには、大きなバスケットを2つ用意して、きれいな服と洗濯する服を分けて入れられるようにしました。あちこちに服を広げておくよりはいいと思ったのです。でも、3人とも植物が好きで、きれいに植木を育てています。料理も好きで、台所はきれいで、よく料理をします。洗濯も掃除もまめにやります。

子どもの頃から「みんなで家事をする」ということを身をもって体験していたので、いまでも子どもたちは家事をすることに抵抗がありません。

この間、普段あまり使っていない部屋で撮影をすることになり、部屋がほこりだらけだったので、ちょうど帰省していた大学生の三男と一緒に3時間ぐらいかけて掃除しました。一人でやると大変ですが、彼が一緒だったので早かったです。会社のスタッフはみんな目を丸くしていました。「20歳の男の子があんなに一生懸命、お母さんと一緒に掃除をしているのを初めて見た」と。息子は「朝飯前さ」とニッコリ。そういうふうに子どもを育てると親は助かります。

子どもにとっても「家事力」は生きて行くうえでの大きなプラスです。

8 金銭感覚力

お金に永遠の価値はない。お金に支配されない感覚を身につけさせて

私は子どもたちをお金に束縛されない人間に育てたいと考えていました。世間にはお金持ちの人が偉い、お金を持っている人がうらやましいという風潮があります。でも私は、子どもたちにはそうなってほしくない、ほかの大事なものを忘れるほどお金を追いかけてほしくないと思っていました。

子どもに金銭感覚を身につけさせたいと、多くの親は考えているようです。しかしそれは、「どうやってお金を稼ぐか」「どうやってお金を貯《た》めるか」「どうやってお金を使うか」を教えることではありません。むしろ「人生で一番大切なものはお金で買えない」と教えることが先です。「友情」「愛情」「思いやり」「信頼」「家族愛」など、お金があっても手に入らないものこそが、一番の宝です。

❖そもそもお金って何？

物々交換の時代ではお金が必要ありませんでした。お金の価値はどのくらい物を買えるかで決まるのです。いまの日本ではあまり実感できないかもしれませんが、戦争などによってお金の価値が下がり、ただの紙きれになってしまう状況は、いまでも世界のいろいろな国で起きています。お金は永遠の価値があるものではないのです。

では、永遠の価値があるものとはなんでしょうか。それはお金では買えない「豊かな幸せ人生」です。お金や物をたくさんもっていても、幸せとは限りません。お金がなくても幸せを実感できる力、つまり「自力で楽しめる力」をもてば、お金に支配されない人生を送ることができます。それが、私たちが親として子どもたちに残せる最大の財産ではないでしょうか。

お金で買えるものは誰でも買えます。あるいは、もっとお金のある人が、それを奪うこともできます。「お金があれば、生活が楽」「お金があれば、ガールフレンドができる」「お金があれば、友だちもできる」と思う人も多いようです。でも実際には、楽な生活が楽しい生活とは限りません。青空を見上げて「気持ちがいい」と思える人と、うなだれて「今日もまた会社か……」とため息をつく人では人生が全く違います。自分の幸せや豊かさは心の中にあるので、お金をもっている人をうらやましがる必要はなく、お金がないことが不幸ではないのです。

お金目当てに自分に近づいてくる友だちは、本当の友だちではありません。お金目当てに自分と恋愛する相手は、本当の幸せをもたらす人ではないのです。無条件で友だちになる人、無条件で愛してくれる人こそ本物、大切な宝物です。

❖お金を使わない遊びで子どもの能力を伸ばす

どうやって、子どもたちにお金に頼らない楽しい生活を教えるのか？　それは物をごほうびにしない、お金で子どもの機嫌を取らないことです。我が家では子どもにあまりおもちゃを買いませんでした。年に2回だけ、おもちゃを買います。それぞれの誕生日とクリスマスです。しかし普段から彼らは、あまりおもちゃを欲しがりませんでした。それは私が、お金を使わない方法で子どもたちとたくさん遊んだからだと思います。おもちゃは飽きるけれど、親と一緒に遊ぶと飽きないのです。子どもたちはそういう遊びを通して「自力で楽しめる力」を学んだようです。

一例をあげると、1から30まで数える遊びはみんな大好きでした。順番に一人5つまで、続いた数字を言うことができます。最後に「30」を言った人が負けです。たとえば、私が「123」と言い、次の人が「45678」と言います。そうやって順に言っていくうちに、必ず誰かが「30」を言わなければならなくなり、言った人が負けです。これはとても盛り上がりました。人数が変われば、計算する方法が変わるので、面白いゲームです。頭脳も鍛えられて子どもは喜びました。チェスや碁、オセロなどもよくやりました。「UNO（ウノ）」も兄弟の人数が多かったので盛り上がりました。出かけるときはいつもバッグに入れておいて、ちょっとした待ち時間などを利用して遊びました。カードゲームやボードゲームで遊ぶと頭脳が鍛えられ、勝ち負けを通して人間関係を学ぶこともできます。ある研究で、スタンフォード大学に入学した学生の8割は、定期的に家族とボードゲームで遊んでいたという結果が出ているそうです。外ではかくれんぼ、「だるまさんがころんだ」など、体を使って思いきり遊びました。雨の日は公園で誰が早くかたつむりを見つけるか競争したり、小川に葉っぱを浮かべて誰の葉っぱが一番先に向こうに着くか競ったり……。夏にはナスやトマトを育てて、秋には落ち葉を拾ってしおりを作り、冬になると雪だるま作りや雪合戦をしました。

このように親が子どもと一緒に十分に遊ぶと、子どもの能力が伸びるばかりでなく、お金に頼らない「自力で楽しむ力」が子どもに備わります。それがお金に左右されない「豊かな人生」につながるのです。

❖知識を得るためのお金は惜しまない

もしお金があったら、私は新しい知識を得るために使います。学ぶチャンスがあるのならお金を惜しみません。自分が学びたいものを学び、行きたいところに行くのは、素晴らしいお金の使い方です。物を買うよりも価値があります。

私はそれを実感しています。アイドル時代にカナダの大学に通い、子どもを産んだ後でスタンフォード大学に留学しました。大学で学んでいた数年間はお金を稼げないばかりでなく、出ていくお金も多い生活です。帰ってきたときにカムバックできないリスクも背負っていました。しかしそれ以上に、新しい知識を得ることは重要だと考えたのです。実際に2回の留学によって、私の人生には大きなプラスがもたらされ、仕事の幅が広がりました。私の人生の中で最もぜいたくなお金の使い方だったといえます。このことは子どもたちにも伝えています。

もう一つ、子どもに言っているのは縁を大切にすることです。「友だちや大好きな人、家族と会えるのだったらお金を使いなさい」ということです。自分や相手が病気になったりすると、二度と会えないかもしれないので、会えるときには惜しみなく時間とお金を使うようにと言っています。

❖自分の幸せをお金に支配させない

お金に自分の幸せを支配されてはいけないと息子たちには繰り返し話していたので、彼らはぜいたくなものを全く欲しがらず、浪費もせず、生活は質素です。そのおかげで社会人になっている上の2人の息子は、一生懸命働いているので多少、お金が貯まっているようです。いざというときのために貯金や投資をしています。

また、私は子どもたちに「働いたら収入を得られるが、収入のために働くのはダメ」と教えました。就職して、好きであろうと嫌いであろうと、仕事に取り組むときには、惜しみなく努力することが大事です。「これくらいのお金しかもらえないから、これくらいしか働かない」というのは不誠実なやり方で、しかも仕事がだんだんつまらなくなり、自分の世界が狭まってしまいます。一生懸命努力すれば、気がつくとお金も幸せもついてくるのです。「仕事をいただいて、一生懸命取り組んで、もらうべき給料は拒まずに受け取ればいい」と教えています。

でも、「お金がいいから、好きな仕事より、この仕事をする」という選択はしてほしくありません。お金があっても幸せになれるという保証はありません。幸せの主導権は自分でもつべきです。お金に頼るとお金に縛られ、心の自由を失ってしまいます。自立していて必要なものが買えるお金、少しだけ人を助けることができるお金、それだけで十分なのです。お金は万能だという考えをもつと、永遠に満足できなくなってしまいます。

❖質素でも心豊かな生活を

私自身はあまり物を買いません。いつも使っているコップは、独身のときから三十数年間使いつづけているものです。服も長持ちします。体型が変わらないので仕事で着る服以外は昔の服をいまでも着ています。

子どもたちも私に似てあまり服装にはこだわらず、同じ服を長く着ています。30歳を過ぎた長男は、高校時代に買ったTシャツをいまでも着ていますし、次男は長男のお下がりのTシャツを着ています。三男は帰国すると、父親や兄たちが残していった服はないかと家じゅうを探し回り、お下がりの服をたくさんもって大学に戻ります。三男の普段着は、3枚1000円の白いTシャツと高校時代に買ったジーンズ。先日、ジーンズのお尻に穴が開いてパンツが見えていたので、見兼ねた私が当て布をしてあげると、三男は喜んで「これはいい。あと2、3年もつ。ママはいいことをしてくれた」と喜んで帰って行きました。

数年前のことですが、長男が以前勤めていた会社で昇進したことがあります。私は早速、ブランド物のカバンを買ってお祝いに行きました。地位が上がったので周囲から軽く見られないようにとブランド物を選んだのです。しかし長男は、「ママはいまだに僕のことをわからないの？　僕はこういうものに頼る人間ではありません」と。私は返す言葉がありませんでした。

子どもたちはみんな、いつの間にか私を超《こ》えていたようです。お金に支配されず豊かな生活を送っています。

9 楽観する力

楽観的な思考は、親が子に贈ることのできる〝永遠に消えない炎〟

世界に目を向けると、いまも戦争、民族間の抗争、テロが各地で起きていて、地球の資源も枯渇することが予想されるなど、心配なことがたくさんあります。そんな中で楽観的な思想をもつのはじつに難しいものです。

楽観的で積極的な子どもに育てるにはどうしたらいいでしょうか。楽観主義者とは、未来を信じて未来に希望をもつ人のことです。多くの研究から、楽観的な人は悲観的な人に比べると、悩んだりストレスを感じることが少ないのです。生活を楽しむことができ、寿命が長い傾向にあります。そして、社会的に成功しやすく、地位も高く、収入も高い人が多いようです。

悲観的な人はいつも何かを心配しています。何か最悪なことが起きるのではないか

と思い、未来に対する希望がもてないのです。良いことが起きても何か裏があるのではないかと信じられず、悪いことが発生すると、どうすればいいのかわかりません。

悲観的で消極的な子どもは自分の能力を信じていないことが多く、うまくできたとしてもまぐれか運がよかったと思ってしまいます。潜在能力をたくさんもっているのに、その力をなかなか発揮しようとしません。新しいことにも挑戦しないのです。

容器に半分の水が入っているのを見たとき、楽観的な人は「まだ半分ある」と思います。しかし、消極的で悲観的な人は「大変だ、あと半分しかない」と心配になるのです。同じものを見ても考え方が違います。

❖悪いことは自分だけに起きるわけではないことを教える

悲観的な人が理想通りではない状況に陥ったときには、次の４つの考え方をするようです。

①悪いことは常に起こり、永遠に起き続ける。
②悪いことはどこでも起きる。
③悪いことはなぜかいつも自分の身に起きる。

④悪いことが起きても自分は何もできない。

この4つの考え方が積み重なると、とても悲観的な人になってしまいます。

悲観的な子どもに説明しなければいけないのは、悪いことはいつも起きるものではなく、たまにしか起きないということ。どこでも起きるというものでもありません。挫折は誰にでも起きるもの、あなただけに起きるものではないということ。そして、どんな悪いことでも、努力さえすれば必ず乗り越えられる、「あなたにはその乗り越えられる力があるのだ」ということを教えます。

悲観的な人は大抵、自分が被害者だと思っていますが、実際は違う場合が多々あります。たとえば、地震や台風などの大きな災害です。これは自然現象で、別に自分だけが運が悪いとはいえないのです。試合の日に雨が降る、試験の日にお腹《なか》が痛い、誕生会の日に病気になる……。「私だけがツイてない」と思いがちです。でも実際には雨が降って試合に出られないのはチーム全体、試験の日にお腹が痛いのは緊張しているから、誕生会の日に病気でも別の日にお祝いすればいい。と、原因と解決法があることでも、自分だけが被害者と思いがちです。その場合は、ゆっくり説明してあげることが大切です。

また、自分が原因を作っている場合もあります。たとえば、しっかり勉強しなかったからテストが0点だったというのなら、それは自分の責任です。自分に責任がある場合は被害者ではないのです。このような場合には、自分の努力で事態を良くしていくことができます。

❖悪いことが起きても自分の力でいいことに変えられる

たとえば、子どもと「日曜日に釣りに行こう」と約束をしていて、大雨が降って行けなくなったとき、子どもは失望し、「なぜ釣りに行く日に雨が降るんだろう。いつも私には悪いことが起きる」と、落ち込んで泣いてしまいました。そのようなとき、親は子どもに「雨が降って残念だけど、釣りの代わりに映画に行ってもいいよね。帰りに雨がやんだら虹が見られるかもしれないよ」と言ってみましょう。そうすれば子どもは、「雨が降ってもいいことがあるんだ。雨の日だからこそできることもあるんだ。雨って失望ばかりではないのだな」と感じます。

悪いことが起こっても、子どもに繰り返し「失望しているのはあなただけではなく、ほかの人もがっかりしている」「悪いことばかりではない。いい結果が生まれることもある」と説明をしていくことが大切です。私たちの対応次第で、いいことも悪いことになり、悪いこともいいことに変わるのです。多くの物事は、じつは人間のコントロール下にあるのだ、ということを子どもに教えます。

悲観的になっても何もいい結果は生まれません。いまの状況がさらに悪くなるだけです。「悪いことが起きたとき、この『悪いこと』をどんな『いいこと』に変えられるかが大事だ」という思考を子どもがもてるようにします。子どものテストの成績が悪かったら、親は「なるほど！　ここがわからなかったのね。気づいてよかったね。復習をしよう！」と前向きに話します。その後に勉強してわかるようになれば、子どもは自分の力で「悪いこと」を「いいこと」に変えられた、という自信をもつことができるのです。

❖子どもの前では悲観的な話をしない

子どもたちが悲観的にならないためには、親が子どもの前で悲観的な話をしないように気をつけます。「うちは留学に行くようなお金がない」とは言わないで、「お金はないけれど、もし本当に行きたいのだったら何か方法があるかもしれないから考えよう」「アメリカまでは行けないけれど、台湾《たいわん》だったら近くて安いかもしれないから、行けるんじゃない？」というように、希望のあるように話をします。「大学に行っていないから君の望んでいるような仕事は無理」と言わないで、「大学には行っていないけれど、きっと君に適した仕事があるはずだ」「誰よりも自分がうまくやれる仕事があるはずだ」と励まします。

親の悲観的な思考は必ず子どもに伝染します。楽観的な子に育てたいなら、まず親自身が楽観的になることです。人は生きていると、挫折を繰り返します。完璧な人間など一人もいないのです。幸運に見える人も、じつは見えないところで挫折をいいことに変える努力をしているのです。どうやって挫折をいいことに変えていくのか、というのはすべての人の課題です。

❖自分で自分を励ますことができる子にする

「楽観的な子は現実的ではなく、現実を見つめることができないのではないか」と思うかもしれませんが、それは違います。研究でも証明されていますが、楽観的な人は自分で自分を励ますことができるのです。そうすると、自分の知らない力が湧いてくることがあり、最大限の力を発揮できるため、成功率が高いのです。

スポーツ選手は試合前によく自分を励ます言葉を言うそうです。「私はできる、私はできる、私はできる」と。心理学を学んだ人たちもこの方法を取り入れています。「私はできる」と言うことで、子どもばかりでなく大人でも、心を病んでしまった人たちでも、だんだん楽観的なものの見方ができるようになるのです。

自分を励ますことができない子どもには、自分を励ます方法を親が教えましょう。

私は日本に来て覚えたことがあります。私はすごく照れ屋だったので、ステージに立つとき、あがってしまうことがありました。当時の先輩から「自分の手に『大』の字を書いて飲み込むといいよ。大胆の『大』。そうすると大胆に出ていけるよ」と教わり、その方法を使っていました。おかげでステージに出ていく勇気が出ました。

長男が学校のステージに立たなければいけないときがあって、「大の字を書いて飲み込んで、『私は怖くない、私はできる』と言ったら、あがることはないよ」とアドバイスしました。そうしたら本当にうまくできたのです。これは自己暗示です。ステージに立つときだけではなく、本当に辛《つら》いときにも自己暗示は必要です。そうすると辛さを乗り越えられます。

私はいつも「私は恵まれている」と自分に言っています。辛いことがあったときには「私は愛されている」と自分に言い聞かせています。自分を励ますことは、「弱った自分」「悲観的になっている自分」にとてもいい薬になります。

楽観的な思考は、親が子どもに贈ることができる永遠に消えない炎だと思います。それは限りない光と温かさと勇気を子どもに与えてくれます。子どもを、楽観的な思考ができるように導いていきましょう。

10

光あるところに導ける力

光を自ら求め、希望をもちつづけると、闇から抜けだせる

人生はいつも順風満帆《じゅんぷうまんぱん》だとは限りません。辛《つら》いことや悲しいことが起こり、真っ暗な状態に陥ってしまうこともあります。明るい光の下で生き生きと生活していたとしても、これから先、暗闇の中で絶望することがあるかもしれないのです。

子どもが真っ暗な状態に陥ったとき、光を求めて自分で自分を導いていく力が重要です。

光とは何でしょうか。それは希望です。「光あるところに導ける力」は子どもにぜひ身につけてもらいたい力です。

「希望」をもった子どもに育つためには、親の役割は重要です。生まれてきた子どもが最初に愛する対象は母親や父親です。「この人を信じれば生きていける。」この人の

そばだったら大事にされる」と、無意識に子どもは感じます。その安心感と人を信頼する心が「希望」をもつことにつながります。子どもに愛を注ぐのは、親でなくても祖父母でもいいし、周りの人たちでもいいのです。

このように身近な人から愛に満ちた思いやりとケアをたっぷり与えられた子は、自分が愛されているという実感をもてるため、暗闇に入り込んでも希望を失わず、絶望しません。「自分には愛する人がいる。その人を悲しませたくない」と思います。

一方、十分に愛されてこなかった子は、暗闇の中で希望をもちつづけて自分を助けることができないため、絶望しやすいといえます。

一生懸命子どもを愛し、愛していることを伝え、実感してもらうことが大事です。

❖親が立ち直る姿を子どもに見せる

光のあるところに自らを導ける子どもを育てる最初の一歩は、親自身が光を見つけられる強い人間になることです。「自分は希望に満ちた人間か」「自分は人のつながりがあるか」「この社会を安全だと感じているか」と自問してみることが大事です。

親の考え方や態度、他人との接し方、働き方などが子どもに影響します。親自身が暗闇に入ってしまったとき、光を求めて進んでいけるかどうかということも、子どもに大きな影響を与えるのです。たとえば、最愛の家族を亡くした、財産を失った、病気で仕事をやめなければならなくなった、というような辛い出来事が起きて、親自身が暗闇に陥る場合があるかもしれません。そんなときは、「子どものためにも私は立ち直らなければいけない。光をつかまなければいけない」という気持ちをもってほしいと思います。

希望をもって立ち直る姿を子どもに見せることができれば、その姿は子どもにとって、「私もこうすれば立ち直ることができるんだ」という手本になります。まずは、親が自分を強くすることが必要なのです。

❖希望をもっていれば自分の力で暗闇から飛び出せる

「希望」は英語で言うと「ｈｏｐｅ（ホープ）」です。三段跳びの「ホップ・ステップ・ジャンプ」の「ホップ（ｈｏｐ）」から来ている言葉です。一つの場所から次の場所に跳《と》んでいくことをあらわします。一つの場所から次の場所に跳んでいけること、移動できることが「希望」なのです。

いまいる場所が嫌な場所、暗い場所だとします。「希望」というのは「私はこの場所から離れられる」ということです。「自分の力で次の場所に移動できる。この状況は固定されたものではなく一時的なもの。自分の足に力を入れてジャンプすれば別のところに行けるのだ、見えないかもしれないが行けるのだ」という信念、これがホープだといえます。

そして、「希望」がある人は、「どこに向かって跳んでいくかを、自分で積極的に決めることができる」という考えをもっています。反対に、絶望している人は「もうほかに方法は何もない。どこにも行けない。ここに留まっているしかない」と考えてしまいます。

子どもが「いまの暗闇の場所から離れて違う場所に行けるのであれば、この辛さはなくなる」と思うことができれば、子どもはホップできます。そしてホープ（希望）をもつことができるのです。

❖自分で道を選んで一歩踏み出す

人生にはたくさんの選択肢があって、絶えず私たちは選択しているのです。困難に直面したときに必要なのは、子どもが「自分にはいま、どういう選択肢があるのかな？　その中でどこに跳ぼうかな？　あるいは、いまは跳ばないという選択肢もある。どれを選ぶか自分で決めればいいのだ」と考えられることです。

「周りのせいで私は無力だ、周りのせいで私は動けない」のではなく、「動かないのは自分の選択だし、暗い中にいるのも自分の選択だ」と、子どもが理解できるようになることが理想です。

その時、必要になってくるのが「想像力」です。想像力については168ページで触れますが、想像力をもっていると自分が跳んだ先のことを考えられます。想像力が乏しいと、目の前のことにとらわれてしまって次の選択が見えなくなるのです。

未来を見通せなければ絶望を感じやすいといえます。想像力が豊かな子に育てれば、暗闇の中でも光を想像でき、困難な現実の中でも希望を失いにくいのです。

また、「あなたもいま辛いかもしれないが、あなたよりも、もっと辛い中でがんばっている人がいる」と伝えるのもいいことです。私はボランティア活動をしているので、息子たちにミッションで訪ねたアフリカやアジアの子どもたちの置かれている状況を話したり、実際に彼らがボランティア活動でアフリカやアジアに行く機会をつくったりしました。

彼らはそこで戦争や、病気、貧困で苦しんでいる子どもたちの実態を見て、「自分は恵まれている。文句は言えない」と感じたようです。そして「ほかの人を助けたい」と考えるようになりました。

じつは暗闇にいるときは、よく無力さを感じます。その時に、ほかの人のために行動を起こすことは重要です。自分の身の上だけに意識を集中させてしまうと、その圧力に耐えられなくなってしまいます。「辛い、希望がない、なぜ自分だけ不幸なのだろう」と、自分の不幸ばかり考えて息が詰まってしまうものです。そんな時に誰かの状況が少しでも良くなるためにボランティア活動をすると、「こんなに力のない私でも、ちょっと努力すると誰かを幸せにできるのだ」という体験をします。その時、心の灯火《ともしび》がともり、目の中に光が宿ります。「私を必要とする人がいる。私は用のある存在。私には人を幸せにする力がある」と感じます。人の役に立つことのために踏み出した一歩が、自分が暗闇から抜け出すきっかけになるのです。

「一歩踏み出すこと」は、心理学でも効果が証明されつつある暗闇から抜け出す方法の一つです。私は子どもによく言っていました、「一歩でいいから踏み出したら、景色が変わる。いままで見えなかったものが見えます。そこには知らなかったチャンスや生き方が待っている。とにかく一歩踏み出すだけでいい」と。やがて光が見えてきます。

❖強い人とは希望をもっている人のこと

人間の心にはしなやかさがあり、決して硬直していません。しなやかさとは伸び縮みができることです。私たちは心に打撃を受けたとしても、伸び縮みして柔軟に受け止めて、さらにそれを跳ね返す強さをもっています。

強い人とは、常に勝つ人ではないし、何も恐れない人でもないのです。強い人とは希望をもっている人のことです。希望がなくなると人間はもろく、何もできなくなってしまいます。

子どもが希望をもちつづけられるかどうかのカギを握るのは親です。希望をもてる人間に育て、暗闇の中でも光に向かって進める人間に育てましょう。

11 他人を尊重できる力

他人を尊重できない人は自分も尊重できない。そして人からも尊重されない

「両親を尊敬しなければいけないよ」と、自分の子どもに教えている知人がいます。ところがその人自身は、自分の両親に対して無礼なふるまいをしていました。自分の子どもには「親を尊敬しなさい」と言いつづけて、自分は親を尊敬していなかったのです。子どもはだんだんその矛盾に反発して、中学生になると知人の言うことを聞かず、態度が悪くなりました。私は「自分を改めないといけないのでは？」とアドバイスしました。自分が親を尊敬する姿を見せなければ、子どもも親を尊敬するようにはなりません。世間には、目上の人には礼儀正しいけれど、自分より目下の人のことを粗雑に扱う人がいます。社長にはペコペコして、部下には暴言を吐く人もいます。また、インターネット上では匿名で他人の悪口を攻撃的に書いたりする風潮もありま

す。そのような行為をして人間の存在を尊重できない人は、人から尊重されたくても難しいと思います。

人を尊重できない人間は、じつは自分のことも尊重していないのです。自分を大事にできる人間は、決して自分を恥じることはしません。どうしてそうなってしまうのか？　それは小さいときに周りから一人の人間としてきちんと尊重されてこなかったからなのかもしれません。親の付属品のように扱われて、「誰のおかげでご飯が食べられると思っているの？」などと言われ、学校の先生からは「言うことを聞け」と叱られ、部活では「俺の言うことを聞かないと試合に出さないぞ」「お前はクズだ」などと責められ、時には暴力をふるわれることを体験すると、自分の価値を感じられず、自尊心が傷つけられ、心から自分を尊重できなくなってしまうのです。

このようなひどい経験が積み重なると、子どもは、これが普通の人の扱い方だと勘違いしてしまいます。そして、自分が少しでも有利な立場に立っているときや罰を受ける恐れのないときには、そのように行動してもかまわないと思ってしまうのです。自分の運命を左右するような権力のある相手には逆らえないので、自分より弱い相手に、自分がやられたのと同じことをしてしまう場合があります。権力者には媚《こ》びる、弱い者には威張る……。辛《つら》かった経験の恨みを晴らすのだと自分を正当化し、自分の価値を見出《みいだ》そうとするのです。これは危ない連鎖です。人間性を失い、正しいこととそうでないことの区別がつかなくなります。

子どもが他人を尊重できるように、また自分のことも大事にできるようにするためには、子どもの存在を一人の人間として、しっかり認めて扱うことが大切です。

❖人を尊重することは差別をしないこと

一人一人を尊重できるということは、人を差別しないこと、みんな平等で同じ価値をもつ人間だということを認識できるということです。しかし、大人でもそのような考えをもてないことが多いのです。国によってはいまでも女性が男性の所有物だとされていて、男性はリーダー、女性はフォローする側、サービスする側。男性はそれをエンジョイするのが当たり前と考えられています。また、アメリカは人種差別をしていた長い歴史がありました。日本でも昔は、男性は台所に入らないものだという固定観念がありました。いまでも、学歴や外見、経済力で差別をしてしまう人がいます。

このような差別意識をもってはいけないということを、子どもにきちんと教える必要があります。そのためには自分自身も差別をしないことが大事です。

❖無意識の差別には気をつける

注意しなければいけないのは、自分では差別などしていない、他人を尊重していると思っていても、実際にはできていない場合です。私は子どもたちに、いつも男女平等を言い聞かせてきました。しかし、のろのろ運転している車を見て、運転手が女性だったとき「あー、やっぱり女性だ」と言ってしまったことがありました。子どもに「ママ、いまの女性差別だよ」と指摘され、自分にもやはり差別意識があるのだと気づいて反省しました。

よかれと思ってしていることが、無意識の差別だったということもあります。子どもたちがインターナショナルスクールの幼稚園に通っていたときのことですが、劇をするときは必ず白人の子が主役になるのです。当時は東洋人の子はなかなか選ばれませんでした。保護者が「これは差別ですよね。なぜ東洋人の子は主役になれないのですか？」と先生に聞くと、「だって、それは白人の子どもの物語だから。英語力も白人の子どものほうが上だから」と言われました。幸い、保護者の指摘でその先生は反省して、東洋人の子どもも演技がよければ、主役を努めるようになりました。また、通園用のコートの裏側にどうやって記名をするのか説明するとき、先生は保護者に白人の女の子のコートを見せて、「こうやるのです。東洋人にはわからないでしょう？」と言ったのです。でも名札付けなどは、日本はどの国よりもきっちりしています。その先生は思い込みで、無意識の差別をしていたのです。その時は子どもも一緒にいたので、「そんなことないからね。東洋人がちゃんと名札を付けられるのを先生が知らないだけだからね」と説明しました。そうしないと子どもは、白人でない自分にコンプレックスをもち、自分のことを嫌になったり、白人の子どもとの関係がぎくしゃくして憎しみの種を植えつけたりすることになりかねないからです。

だから、このような無意識の差別はしてはいけない、されたときは、親は注意してそれを取り除くことが大切です。差別意識のない、一人一人を尊重する姿勢を子どもに見せていくことが大切です。

❖人の存在を透明にしない

私は子どもたちに、「人の存在を透明にしないで、常に人の存在を気にかけるように」と教えてきました。たとえば私は、外出先でトイレを使っても、誰かが掃除をしてくれていることに気づかないで使うのではなく、掃除をしている人がいたら「こんにちは」「ご苦労様」「ありがとう」と言うのを習慣にしています。子ども連れのお母さんを見たら、「かわいいですね」と一言声をかけます。また、乗り物で騒いでいる子や泣いている子は注目されますが、静かにしている子は誰も気にかけないときがあります。私は、その子が降りるときに「静かにしていていい子だったね」「すごくいい子ですね、お母さん」とほめるようにしています。こういうことには時間もかからないし、そのお母さんの励みにもなるのです。本当にたった一言で、びっくりするほど人は喜ぶのです。その姿を息子たちは見ていました。さらに、「周りにいる人を透明にしない、一人一人の存在を常に認めること」を口酸っぱく言い続けました。

子どもたちが通ったインターナショナルスクールでは、校庭を掃除する人がいました。長男が卒業した後に次男の用事で学校に行ったとき、その方がそばに寄ってきてくれて、「和平くん（長男）は本当にいい子でしたよ。放課後に会うと必ず『おばちゃん、手伝おうか？』と言ってくれたんですよ。一緒に掃除をしてくれたりしました。とてもうれしかったです」と言われました。私はそのことを全く知らなかったのです。自分の子どもが自ら人を助けることができたと知って、私もうれしかったです。

また、次男はアメリカの高校にいたとき、「スプリングシング（春に歌おう）」というプロジェクトを立ち上げました。その高校では劇や歌などの催しは、オーディションで選ばれた人だけが舞台に立つことができます。次男は毎年、ミュージカルの主役に選ばれていました。しかし、歌や踊りが苦手な人も、本当は出演したいのではないかと考えて、上手な人も下手な人も関係なく、参加を希望した人は全員が出られる催しを学校に提案したのです。一度も踊ったことのない子が、踊りが上手な子に教わってステージに立ったり、音痴の先生が歌って喝采を浴びたりするなど、このプロジェクトは大成功を収めました。それから毎年行なわれるようになり、学校で一番人気のある催しになったそうです。次男は、選ばれた人間だけが賞賛されるのではなく、何かをやろうとした人みんなに拍手が送られる場をつくりたかったのです。一人一人を尊重する気持ちが基本にあったからできたことで、そのような提案をした次男を、私は誇らしく思いました。

❖笑顔を大事にする

笑顔には大きな力があります。笑顔は相手に会えてうれしいという意思表示であり、その人の存在を認めることです。人を尊重するときは、まず笑顔になると良いと思います。笑顔をつくるのにお金はかかりませんが、とても大切なコミュニケーションの道具になるのです。

長男は、もともとあまり笑わない性格でしたが、私が「和平の笑顔はピカイチ！もっと笑いなさい。笑顔はタダだから」と、いつも言っていました。いつの間にか、よく笑える子になりました。私も、いつもニコニコするように心がけています。そのせいか、ちょっとでもニコニコしていないと、子どもから「ママ大丈夫？　病気なの？」と言われるほどです。以前、3カ月間ほど顔がマヒして、笑っているつもりでも笑顔がつくれないことがありました。周りの人から「私のことが嫌いなの？」「今日はムッとしているの？」「嫌なことがあったのかな？」など、心配されたり気を使われたりしました。その経験から、笑顔のもつ力に気がついたのです。

元気がないときでも努めて笑顔にしていたほうが、自分も元気になるということを日々実感しています。人を尊重するために、そして世の中をもっともっと良くするために、自分から笑顔になることが大事だと思います。

12 信頼される力

子どもを信頼して任せて、信じて、ほめる機会をたくさんつくる

❖信頼される人の4つの特質

人から信頼される人は4つの特質をもっています。それは、

「正直であること」
「誠実であること」
「頼りがいがあること」
「忠実であること」

です。子どもには、できれば4つの特質すべてをもってもらいたいと思います。

①「正直である」とは嘘《うそ》をつかないことです。言うこととやることが一致していることです。

②「誠実である」とは事実を大切にし、追究する心をもっていることです。
③「頼りがいがある」とは約束を守り、有言実行、最後までやり通す力をもっていることです。
④「忠実である」とは人を裏切らないことです。自分に有利になるなら他人を犠牲にするというようなことをしないことです。

これらの特質をもった子に育てるには、まず、親自身がこの４つの特質をもつことです。嘘はつかない、両面性のような建て前と本音を使わない、事実を大切にして、噂《うわさ》を広めたり信じたりしない、約束は必ず守る、できない約束は最初からしない、人を裏切ったりしない。当たり前のことのようですが、一貫して実行していくのにはかなりの努力が必要です。

❖子は親の背中を見て育つ

子どもは親の背中を見て育つので、親の行動が子どもの考え方を大きく左右します。たとえば、「日曜日にはサッカーをしよう」と約束したのに「昨日お酒を飲みすぎて体調が悪いから、今日はサッカーができない」と、子どもとの約束を破ってはいけません。約束したことは必ずやります。やむを得ず約束を果たせなくなったときは、責任転嫁せず、きちんと説明をして、了解を得るようにします。自分で責任を取るという姿勢を子どもに見せることが大切です。実際には二日酔いでも、お父さんが必死でボールを蹴る姿を子どもは嫌ではないのです。寝そべって、約束を破るお父さんは信頼されなくなります。それを手本に、子どもも約束を破ることを覚えてしまいます。

子どもを、信頼できる人間に育てたいなら、子どもに信頼される経験をさせないといけません。まずは責任あることを頼んでみます。子どもがそれをやり通したときに、親は十分にほめましょう。ちょっとしたおつかいを子どもに頼んで、買い物が終わって帰ってきたらたくさんほめます。親が自分を信頼して何かを任せてくれたということは、子どもにとって大きなごほうびです。「ちゃんとエサをやってね」「ちゃんと水やりをしてね」など、大事なことを頼み、それをやり遂げた達成感を得られるようにすることが大事です。そのチャンスをできるだけたくさん与えましょう。たとえ間違ったとしても、できなかったとしても、そのことを正直に言ってくれたなら、その正直に非を認めたことをほめます。そして、励まして、引き続き信じます。しかし、もし嘘をついたら、親は嘘をつく怖さを教えないといけません。

❖子どもが嘘を認めたらほめる

親はできるだけ、子どもを信じることが大事です。最初から疑ってかかると、子どもの自己肯定感が下がってしまいます。子どもが真実を言っているのに、親が「嘘をついているのだろう」と疑ってしまうと、子どもは「本当のことを言っても信じてもらえない。それなら、親の聞きたいように嘘を言えばいいや」と考えるようになってしまいます。こういうことが嘘の始まりになるケースは結構あるのです。

親は子どもの言うことをはじめから疑ってはいけないのですが、それが真実かどうかを注意深く観察しなければなりません。そして、子どもが嘘をついたとわかったときは、子どもを叱る前に、親は自分の気持ちを伝えます。「君が嘘をついたら、ママはとても悲しい」と。「悪いことをしたから怒るのではなく、嘘をつかれるのが悲しい」と。あなたを愛しているから嘘つきになってほしくないのだと伝えます。「ママを信頼してほしい。ママは君のことを愛している。間違っても、よくできなくても、ママに素直に話してほしい。ママの愛を信じてほしい」と、子どもに話すことはとっても大切です。

私はよく子どもに「ひとつの嘘をつくと、その嘘を隠すために次の嘘をつく。その2つめの嘘がバレないように、3つめの嘘をつく……。嘘に嘘を重ねると、あなたとママとの距離がどんどん離れていって、ある日、振り向いたらママが見えなくなっているよ」と言います。

嘘をついたら自分も相手も傷つきます。嘘を積み重ねていくと、バレることを恐れて、不安な毎日を過ごします。そのうちに、何が本当の自分なのかわからなくなり、嘘をついても罪悪感さえなくなるのです。頭の中では「バレなければいい」と嘘の人生から脱出できなくなるのです。

その一方、大事な人の前では、本当の自分を知られたら誰も自分を好きになってくれないのではないかと、いつも安心できないのです。そして嘘がバレたとき、誰からも信用されなくなってしまいます。「嘘つきは泥棒の始まり」と言いますが、人生を台無しにしてしまうこともあるので、気をつけなければなりません。

また、子どもが嘘をついたからといって厳しい罰を与えても、かえって逆効果になることが多いです。罰が重すぎるとそれが怖くて、子どもは本当のことが言えなくなり、バレないために必死になるのです。大切なのは、子どもが嘘を告白したときの愛情表現です。「ママは安心したよ。本当によく言えたね」と、勇気を出して嘘を認めた子どもをほめます。抱きしめて、愛情を表現します。嘘を告白しほめられたことで、子どもは罪悪感から解放されます。嘘を認めて本当のことを言ったほうが、親に喜んでもらえるという事実を学ぶことができるのです。

❖子どもに8時間かけてお説教したこと

長男が小学2年生か3年生の頃、嘘をついたことがありました。学校で毎週、漢字テストがあったのですが、「戻ってきた?」と聞いても、毎日のように「まだ」と言うので変だなと思いました。長男のリュックの中を探したら、底のほうにぐしゃぐしゃになった70点のテストが出てきました。「戻ってきていたんだね。なんで嘘をついたの?」と聞くと、「点数が悪いので、ママががっかりするのが嫌だから」と。

70点は私にとっては悪い点ではないのに、長男には悪い点数に思えたのです。

その時、彼が「点数がよければママが喜ぶ。もっと僕を認めて愛してくれる」と思っていることに驚き、慌てました。このままではいけないと思い、長男に「なんでママの愛をわからないの？」と聞きました。長男はきょとんとして、理解できなかった様子でした。私は長男を椅子に座らせて、「嘘をつく必要はないよ。ママは無条件にあなたを愛しているのよ。テストの点数などで愛情は変わらない。努力してくれたらそれで十分だよ」と言い聞かせました。また、一つ嘘をついたら、次の嘘をつかなくてはいけなくなり、そのまた次も嘘を続けなければならなくなること、そうして少しずつママとの距離が離れていってしまうのだという話もしました。

ママの愛情を信じてもらうために、全部で8時間もかかりました。抱っこしたり、途中で休んだり、トイレに行ったりしながらです。長男は、最初は私の言っていることの意味がよくわからなかったようでしたが、時間をかけて丁寧に説明したので、だんだんと理解していったようです。

長男にわかってほしかったことは、どんなに悪いことをしても、どんなにひどい失敗をしても、ママは無条件にあなたを愛しているから、すべてを受け止めるから、嘘をつく必要などないのだということです。嘘をついて信頼を失ったら、人生はとてもやりにくくなるということも話しました。次男と三男にも、最初に嘘をついたときには長いお説教をしました。

みんな、それから私に隠し事をしなくなりました。このように、親は子どもの嘘に対処するために、たゆまぬ努力が必要なのです。

人に信頼してもらえる、人を信頼できる人生は安心感のある人生。人から信頼されると、仕事を任せられる、チャンスも与えてもらえる、自分の作り出したものを認めてもらえる……。長い人生の中で、真っ直ぐ歩いていくためにも、信頼されるための特質を子どもにもってもらいたいものです。

13

遊ぶ力

自由な遊びは百利あって一害なし。子どもに遊び時間の確保を

子どもたちにはたくさん遊ぶ時間が必要です。でも、自由に遊べる時間は少なくなってきています。そのことに世界じゅうの医師や心理学者たちが警鐘を鳴らしています。

「自由に遊ぶ」というのは、何時から何時までは水泳、その次はピアノ、サッカー練習、というような習い事をしたり、家の中でパソコンゲームをしたりすることではなく、子どもが束縛なく、自分の遊びたいように遊ぶ自由時間と空間です。たとえば、自然の中で駆け回るとか、ただボーッとしているのもいい、友だちと散歩するとか、ペットと遊ぶのもいい……、そんな自由気ままな時間がいまの子どもたちには足りないのです。

❖遊びは人生の予習

遊ぶことで、子どもは生きていくうえでの基本的なルールを学んでいきます。智恵《ちえ》を絞って物事を解決していくことや、自分の気持ちをコントロールする方法を身につけます。想像する楽しさ、体を動かして得られる躍動感、人と対話しながらうまくやっていく能力、自分の気持ちを表現するコツ、人をいたわる方法。こういったことすべてを、子どもは遊びの中で学んでいくのです。

子どもの頃の遊びで学んだことは、大人になって社会に出たときに生かされます。人生の選択肢が増えて、自分の目標を達成しやすくなるのです。遊びを十分に経験した子どもは、社交性が高く、たくさんの良い友人に恵まれるので、寂しい思いをせずに済み、いつも心が安定しています。良い先生や先輩とも出会える機会が多いため、その人たちから多くのことを学び、いざというときにはかばってもらえることもあります。

人生を実り多い豊かなものにすることができるでしょう。

子どもが遊びを通して経験する喜び、感動、失敗、辛《つら》さ、悲しみなどは、人が生きていくうえで必ず味わうものです。困難な状況をどうやって乗り越えていくか、どうやって立ち直ればいいかなども遊びから学べます。

つまり、遊びは子どもが将来遭遇する出来事の予習なのです。

❖遊ぶ時間がどんどん減っている

長期にわたる統計調査の結果を見ると、一九九〇年頃からずっと子どもの自由な遊び時間が減少しています。その影響として考えられているのは、ＩＱや想像力、表現力などの著しい低下です。

特に幼稚園児から小学3年生までの下がり幅が大きいことが問題になっています。9〜10歳の子どもでは有酸素運動、つまり自由に走り回るような遊びをたくさんやってきていると脳はよく発達します。注意力と記憶力についても、運動不足の子より高いという結果が出ています。

しかし、自由な遊びを十分にしている子どもの数は、年々減少しています。理由の一つは学校での勉強や宿題の量が増えたことです。もう一つの理由は、子どもの数が減って、親が子どもの教育に熱中するようになったことです。習い事、英才教育、よい学校を受験するための塾通いなどで、子どものスケジュールは埋まってしまい、自由な遊びの時間がどんどん少なくなってしまったのです。少し空いた時間があっても、いまの子どもたちは、外遊びよりもスマートフォンなどでゲームをするのに夢中です。

指導者がいるグループ集団で遊ぶのもよいのではないかと言う人がいます。しかし、誰かに言われてやるのではなく、自分で思いついた途方もないアイディアで遊んで、それをほめられたほうが子どもの成長にとって大きな意味があるのです。自分で考えた遊びで成果を挙げたときには感動も大きく、満足度も高いのです。気持ちが前向きになります。その体験は貴重なものとして記憶に残るのです。

大人から見たら無目的に見えるような行動、走り回ったり、上に行ったり下に行ったりというような遊びは、新陳代謝を活発にして心肺機能を高め、食欲を増進します。成長過程の子どもにとって必要不可欠な行動なのです。体を動かせば抵抗力も高まり、病気にかかりにくくなります。体が元気だと心も元気で安定するので、このような遊びは積極的にやらせることが大事です。

学童期の子どもは長時間の学校生活を強いられます。教室でじっと座って先生の話を聞いていなければならないので、それだけでは決して健康的だとはいえません。外へ出てどんどん遊ばせることが重要です。小さい子どもは骨や内臓、筋肉などが成長していく途上にあるので、毎日、活発に動き回る必要があるのです。

いまの状況は、子どもにとって大切な遊びの時間を、親たちが間違った方法で奪っているともいえます。全身を動かして遊ぶことは子どもの心身の成長に欠かせないのです。その時間を与え、その行動を応援しましょう。

❖親はよい遊び相手だと子どもに思わせる

私は子どもたちが小さかったとき、広い公園に連れて行って自由に遊ばせました。長男には少し臆病なところがあって、最初は「高いところが怖い」と言っていたのですが、自由に遊ばせているとだんだん平気になり、自信をもって走り回れるようになりました。子どもが少しでも元気がない様子のときは、「サッカーやろう」と、近くの公園へ連れ出したこともあります。日が暮れて暗くなり、ボールが見えなくなるまで汗びっしょりになって遊びました。子どもはニコニコ楽しそうで、元気も出たようです。

結婚して初めて横浜に建てた家は、子どもたちが走り回ってかくれんぼがしやすいようにと、工務店に注文しました。2階はぐるぐる回れるようになっていたので、子どもたちは家の中でも本当によく走り回っていました。学校から帰ると、子どもたちは近くの公園で1時間くらい遊ぶのが日課でしたが、それだけでは全然足りない様子でした。エネルギーが有り余っていて、どこまで走ったら気が済むのだろうという感じでした。

私が目指していたのは、ママはとてもよい遊び相手だと子どもたちに認識させることです。私が「遊ぼう」と誘ったら、「うん」と返事する子どもの目が「やったぁ！」という喜びの表情で輝くのです。毎日毎日が楽しく刺激的でした。夜になると寝てしまうのが惜しくて「もっともっと起きていたい」と思う子ども、「朝起きるのを待てない」という元気な子どもを育てたかったのです。その甲斐《かい》あって、大人になっても子どもたちは遊びに積極的です。あの手この手で面白いところを探しては私を連れて行ってくれます。

「百害あって一利なし」という言葉がありますが、遊びはその正反対です。害がないばかりか、たくさんの恵みを与えてくれるものですから、どんどん子どもを自由に遊ばせてほしいと思います。

14 いじめを正す力

いじめる子、いじめられる子、周りの子をすべて助けるのが正しい対応

いじめとは、体や言葉で相手を肉体的・精神的に傷つけようとする行為です。人をたたいたり押したりして身体的被害を与える、脅迫して金品を要求する、嘲笑する、無視する、インターネットで嘘をばらまいて侮辱する、これらはすべていじめです。

そして、学校のいじめに関しては、学校の中で関係のない人は一人もいません。いじめた子、いじめられた子、いじめを知っていて黙っていた子、いじめた子を教育していなかった先生、その先生を指導していなかった管理職、そしてもちろん、子どもたちの両親も関わっているのです。

私がスタンフォード大学に通っていたとき、日本の小学校について研究していた同級生がいて、彼女は研究員として毎日、教室の後ろに座って子どもたちの様子を見て

いました。そのクラスに足の不自由な子がいて、隣の席の子がその子の足をたたいたりつねったりしていじめていたのです。彼女は研究員としての立場上、クラスを乱すわけにもいかないので黙って見ているしかなかったのですが、ある日、校庭でその子が何人もの児童に取り囲まれて、もっていた杖《つえ》を取り上げられている場面を目撃しました。彼女はたまらなくなり、「やめなさい」と言って杖を取り返したのです。しかし、いじめられていた子は「ありがとう」も言わずに行ってしまったそうです。後で担任の先生にそのことを伝えると、「余計なお世話だ！　その子は障害があるのだから大人になってもいじめられる。だから強くならなければいけない。いじめに耐えるための教育なのだから、邪魔をしないで」と言われたというのです。

スタンフォード大学の研究発表で、彼女はこのことをどう思うかとみんなに聞きました。多くの意見が出ました。確かに足の不自由な子は精神的に強くならなくてはいけないという意見もありました。しかし私は、「その先生は教師失格です」と言いました。弱い子を強くすれば、確かにその子は救われるかもしれません。しかし、いじめた子に「いじめはいけない」と指導していないし、見て見ぬふりをしている子どもたちも教育していないのです。だからこの教師は教師たる資格がないのだ、と私は言いました。私の意見に多くの人が賛同してくれたのです。

❖いじめられた子よりいじめた子に問題がある

いじめられた子を強くしたところで、いじめはなくなりません。いじめた子はまた別のターゲットを探します。人をいじめたいという欲求がある限りそれは続きます。

だからといって、生まれつきのいじめっ子などいるはずはなく、どこかでいじめを学習してしまったのです。人をいじめると面白い、優越感が感じられる、自分が偉くなった気分になる、だからやめられない。それはいじめた子の自己肯定力の低さが関わっているのです。

いじめた子の両親がなんらかの問題を抱えている可能性もあり、いくつかの要因が複雑に絡んで、子どもが心理的に病んでいるのかもしれません。いじめが発覚したとき、より注意すべき対象でリハビリが必要なのは、いじめられた子ではなく、むしろいじめていた子のほうなのです。

いじめた子については、学校の中だけで問題を解決しようとせず、いじめた子の家庭も巻き込んで解決を目指します。いじめた子の親は、事実を告げられても素直に謝ったりはせず、「なぜうちの子を責めるのか」「ただの遊びでやっただけ」などと言うかもしれません。実際に親のこのような責任を取らない態度は、いじめた子自身に対して悪い影響を与えてしまいます。いじめを正当化してしまうと、子どもは是非の区別がつかなくなり、弱肉強食の理論を信じてしまいます。大人になっても自分の価値を、弱者を支配できるかどうかではかってしまいます。そんなことに気をとられて、自分の中の可能性を忘れてしまい、それを伸ばすことさえ疎《おろそ》かになってしまうのは、とてももったいないことです。

いじめた子にはカウンセリングを行なう必要があります。「あなたはこんなに素敵なのだから、人をいじめなくても、たくさん面白いことができます。自分の得意なことを伸ばして、大好きなことに専念しましょう」と、その子の自己肯定力を高め、自分は人をいじめなくても十分に価値ある人間であるということを気づかせるのです。

日本の学校ではあまり親のカウンセリングを行なわないようですが、場合によってはいじめた子の両親にも、専門家のカウンセリングを受けてもらうと効果的です。なぜ子どもが誰かをいじめなければ満足できないのかを考えて、子どもを理解し、間違っているところを直していかなければならないのです。そうしないと、いじめた子はずっと人をいじめつづけて大人になっていきます。自分が支配できる自分より弱い相手、配偶者や子ども、年老いた親などを標的にすることもあるのです。周りの人を不幸にしてしまう恐れがあるので、いじめた子の問題は決して先延ばしにしてはいけないのです。

いじめを止めなかった子、報告しなかった子にも問題があります。怖かったからかもしれませんが、真剣に考えればいじめた子、いじめられている子を助ける方法を何か思いついたはずです。

見て見ぬふり、自分は関係ないという態度は、人間性のない行動です。いじめを目撃したら、すぐ親や先生に相談することを約束させます。それはいじめられた子ばかりでなく、いじめた子を助けることにもなるのです。

また、先生たちは学校でのいじめはほんのちょっとしたことでもダメ、絶対にダメ、という徹底した態度で臨んでほしいものです。いじめに対する毅然《きぜん》とした態度を子どもたちに見せることが大事です。

❖いじめられたらまず親に言えるようにする

いじめられても、自分から「いじめられた」と人に言えない子どもは少なくありません。「言うのが恥ずかしい。これは自分の恥だ」「弱い自分が嫌だ。みじめだ。人からかわいそうだと思われたくない」「親に心配かけたくない」という気持ちがあるのだと考えられます。

ですから、親は子どもが発している危険信号を見逃してはいけないのです。急に元気がなくなった、食欲が落ちた、などの兆候があらわれることがあります。ほかにも普段から好きなこと、たとえばケーキを焼いたり絵を描いたりすることなどをやらなくなった、怒りっぽくイライラしている、学校へ行きたがらないなども危険なサインです。そういう様子が見られたら子どもと一対一で向き合って、「何かあったのではないの？　ママに言っても大丈夫だよ」と言葉をかけて話を聞きます。

そして、本当にいじめがあったとわかったならば、「いじめられたのはあなたのせいではない。いじめの原因はいじめた子の心の病気だから、彼らを助けましょう。親に言うのは恥ずかしいことではないよ。あなたが勇気を出して言ってくれたから、いじめた子が助かったんだよ」と伝えます。そうすることで、いじめられて自分の無力と絶望に苛《さいな》まれていた子どもは、もう一度、希望と自信を取り戻す力が湧いてくるのです。

よく「やられたらやり返せ」と言う親がいますが、それでは暴力を助長してしまうだけです。親がそのような態度でいると、子どもは弱い自分を恥じて、いじめられていることを言えなくなってしまいます。

また、「何を言われても無視すればいい」と言うのも適切ではありません。子どもは実際に辛《つら》い状況に置かれていたら、無視することなどできないのです。むしろ「辛いのは本当によくわかるよ」「そんなこと言われて辛いね」と、子どもの気持ちを理解して共感することが大事なのです。

❖自分の子どもがいじめられていたらどうするか

自分の子どもがいじめられているとわかったら、親はどのように対応したらよいのでしょうか。

まずはいじめの実態をよく調べて、責任者の先生、いじめた子の親、校長先生に知らせます。彼らを責めるのではなく、「人をいじめている子どもを助けないといけない。このまま問題を放置していてもいじめはなくならない。学校のためにもいじめた子のためにも、ほかの子どものためにも、問題を根本から修復しなければならない」ということを伝えましょう。

もし、努力しても学校が何も対応しない、親たちも無関心、もう耐えられそうもないというような場合は、学校を変えてもよいと思います。子どもが毎日辛い思いをしているのに、その学校へ通わせつづけるのは酷です。教育委員会に相談すれば、違う学校へ転校することができる場合もあります。

❖アメリカと香港で体験したいじめの対応とは

アメリカでは、いじめられて身体的、または精神的に被害を受けたことがわかれば、いじめた側は告訴される恐れがあります。そして民事裁判で負けたら巨額の賠償金を支払わなければならないのです。子どもがいじめ行為をしたのは親の管理責任と見なされるからです。

うちの子どもがスタンフォード大学内の幼稚園に通っていたときのことですが、ある日、絆創膏《ばんそうこう》を貼られて、一枚の手紙をもって帰ってきました。それには「あなたのお子さんは、今日○○君にぶたれてけがをしたので手当てをしました。告訴する場合は……」と、相手の親の住所と電話番号、氏名が書いてありました。要するに、幼稚園のせいではなく、家庭と家庭で問題を解決するようにとの通達でした。幼稚園児のやったことですし、もちろん告訴などしませんでしたが、アメリカではいじめに対する態度が徹底しているなと驚きました。

私自身も昔、いじめられたことがあります。

歌手としてデビューしたての頃、香港《ほんこん》の女子校に通っていたのですが、友だちのグループから突然、絶交されたのです。女子校で一人ぼっちというのは辛いものです。

特にお昼ご飯のときに誰も一緒にいてくれないというのが一番困りました。私はゆで卵をもって図書室に行き、本で顔を隠すようにして食べていたところ、規則に厳しい先生に見つかってしまいました。図書室では飲食禁止だったので叱られましたが、その先生は私が一人ぼっちなのをわかってくれました。そしてクラスで一番、優等生で影響力のある子たちのグループに、私を仲間に入れるようにと言ってくれたのです。

そのグループに受け入れられてからは、周りの子も私を無視しなくなりました。グループの人たちと一緒にご飯も食べられるし、勉強方法も教えてもらったりして成績も上がりました。その先生のおかげで私は窮地を脱することができました。一人でゆで卵を食べていたのを先生に見つかったあの瞬間を、感謝の念とともに私は一生忘れないでしょう。

このように先生の行動力で、いじめ問題を解決に導くこともできるのです。

15 世界のことに関心を向ける力

世界への関心はグローバル教育の第一歩。世界の一員である自覚をもたせる

いま、日本の教育界の大きなテーマの一つが、グローバル人材の育成です。小学校では令和2年度から英語が正式教科になり、異文化や世界とのつながりなども含めた国際理解教育に力を入れている学校も増えています。

私はイギリス領だった香港《ほんこん》で、英語で教育を受けて育ち、英語を第一言語として学びました。また、カナダのトロント大学とアメリカのスタンフォード大学に留学した経験から、子どもが生まれたら世界で活躍できる人間に育てたいという思いがあったのです。

息子が生まれるとできるだけ小さいうちから英語の環境を整え、日本で幼稚園からインターナショナルスクールに入れました。幼児期から英語を学ばせると、母国語が

おろそかになるのではないかと思う人も多いようですが、その心配はいらないことは、自分が身をもって知っています。英語が第一言語でしたが、家では中国語を話していましたので、2つの言葉を自由に操ることができました。それを信じて、息子たちもバイリンガルにすることを決心しました。息子たちは中学までは日本のインターナショナルスクールで過ごし、アメリカの高校を経てスタンフォード大学に進学しました。「世界のことに関心を向ける力」は成長の過程で自然に身につけ、グローバル人材に育っています。

こう聞くと、「『世界のことに関心を向ける力』は、学校でグローバル教育を受けなければ養えない」と思うかもしれませんが、そうではありません。むしろ、家庭での教育がポイントになります。

子どもが小さいうちから、世界で起こっていることに目を向けて、親子で話し合うことが大切です。そこから「世界のことに関心を向ける力」が育ち、やがて自分の視点や思想の基盤となるのです。

❖自分も世界の一員であることを自覚させる

まずは子どもたちに、「世界は面白い、でも、さまざまな状況の中で生活している人がいる。自分もそんな世界の一員なんだ」ということを伝えます。小さい子には、ほかの国では自分と同じような年頃の子がどのような生活をしているか、話してあげることから始めてもいいと思います。

たとえば、親が「日本では畳の上で布団を敷いて寝るけれど、ほかの国では外で地面に寝ている子もいるんだよ」と話すと、子どもは「ええー!? 想像できない」と言うかもしれません。そんな日常生活についての小さな話でも、世界に目を向けるきっかけになります。子どもと一緒に新聞を読んだりニュースを見たりしながら内容を説明すると、社会のことに興味が出てきて、自分の視点や意見をもつようになります。

私たちは子どもに絵本などの物語を通して物事を教えますが、新聞やニュースは「本当の物語」です。まさに生きた教材です。もしテロが発生したら、「テロって何だろう」と子どもと話し合います。元号のニュースなら、「元号はどうして変わったのだろう」「皇室とはどういうものなのか」「世界で同じようなことをやっている国があるのだろうか」というように、話を発展させていくと理解が深まります。地震が起きたら「災害があったときはどうすればいいか」と問いかけます。

気をつけなくてはいけないのは、ニュースやワイドショーなどの報道内容は偏っていることがあります。報道されていることを疑う精神をもつことも教えるのが大切です。特にインターネットの中ではフェイクニュースが多く、子どもは事実を見抜く力も磨かないといけません。「この話は信じていいのかな？　何が足りないと思う？」「ママはこう思うよ」などと、親子で話し合って、補足することも大切です。

反対に、偉大なことを成し遂げた人のニュースであれば、「世界には素晴らしい人がたくさんいるね。この人から私たちが学べることは何だろう」と、その人をお手本にできるよう導きます。素晴らしい出来事なら「感動するね。胸が熱くなるね」と、感動を分かち合います。

❖ニュースは必ず親も一緒に視聴を

子どもにニュースを見せるときは注意も必要です。繊細な子は衝撃的なニュースに耐えられないことがあります。必ず親が一緒にいて、戦争や事件、災害などの報道で、子どもには刺激が強すぎる場面が出てきたら、見せないよう配慮しましょう。テレビがつけっぱなしになっていると、子どもが一人で見てしまうことがあります。「自分にも同じことが起こるのではないか」と怖くなって、悪夢を見たりトラウマになったりする場合があるので気をつけましょう。もし、大地震や大雨を必要以上に怖がるようになったら、対策方法を教えて、防災博士のようにしてあげると子どもは安心します。

我が家では子どもたちに、家の防災グッズの保管場所や使用方法、災害時の連絡方法などを教えていました。地震が起こって日本で電話がつながらなかったら香港の親族にかけるよう伝え、家族の待ち合わせ場所も決めました。そして実際に子どもを連れて行き、「もし学校帰りに大地震が起こったらここで待つのよ」と言い聞かせました。災害が起きたとき、人間は頭で考えて行動できないそうです。だから実際に訓練をして、体で覚えることが重要になってきます。

❖好きな新聞記事を選んで感想を書く

子どもたちが小学4年生ぐらいになると、毎週、好きな新聞記事を選び、感想を書くという取り組みをしていました。それによって子どもたちは新聞を読む習慣がつきました。親としても子どもが何に興味があり、どれだけ理解しているかがわかり、一石二鳥でした。6年生ぐらいまで続けたので、子どもたちは世界の情勢に興味をもち、自分の意見を言えるようになりました。

また、食事のときには、気になる話題を取り上げてよく議論をしていました。子どもにとって、両親や兄弟、祖父母、友だちなど、異なる人の意見を聞くことは大切です。お父さんとお母さんの意見は違うし、おじいちゃんとおばあちゃんの意見も違います。そしてお兄ちゃんも違う、と人それぞれの意見があることを知ると、小さいながらも思いを巡らせ、考える力が育っていきます。

一方で、小学校高学年になるとインターネットも含め、幅広い情報に触れるようになります。特にインターネットには有害な情報も多いので、親がしっかりチェックしなければなりません。扇情的で無責任な情報を目にしたときは、「これは赤信号よ。広い視点で周りを見渡して、信じていいかどうか判断しようね」と話します。一見すると、本当か嘘かわからない情報もあります。子どもと一緒に詳しく調べて真実を探るといいでしょう。もし真実が見つからなくても、情報を鵜呑《うの》みにしてはいけないことを教えて、子どものネットリテラシーを高められるよう努めます。

インターネットには興味深いコンテンツや有益なものもたくさんあります。害がないものは、小さいときから積極的に見せてもよいと思います。

❖世界への関心は未来への力

子どもの頃から世界に関心が向いていると、世の中の動きに敏感になり、次の動きがわかるようになります。つまりトレンドが読めるようになります。将来、どのような仕事に就いたとしても、先を読める人は有利です。知識が「点」で終わらず「線」につながって「絵」になり、「立体」になって未来に向かっていけるのです。

私の長男は会社を経営し、次男はエンジニアとして新製品を開発していますが、この2人にとっても先を読めるということはとても有益です。そして何よりも、大学生の三男も含めた息子たち3人が、この揺れ動く時代において自分の意見と思想をしっかりともっていることをうれしく感じます。

我が家ではいまでも家族でよく議論をします。意見が一致しなくても議論を重ねてお互いに学び合っていく姿勢は健在です。先日、長男と次男が激しい議論をしました。私はいつものこと、と静観していましたが、同席していた知人に「大丈夫ですか。止めなくてもいいのですか」と心配されて、ほかの家庭ではそこまで議論をしないことに気づきました。

幅広い視点で情報を取り入れたり、時には議論をしたりしていくうちに、子どもは社会の常識を身につけていきます。常識も社会状況によって変化します。昔は女性が働くことは非常識と言われていましたが、いまは常識です。

子どもがその時代の常識をわきまえた人間になるためにも、世界の流れに関心をもつことが大事です。

16 人を大事にできる力

人を大事にすることは愛すること。人がもつ最大の力

「人を大事にできる力」ってなんだと思いますか？　世間では大事にされるには条件付きの場合が多いのです。「あの子は成績がいいから大事にされる」「あの子は病弱だから大事にしてあげなければいけない」「あの子は愛嬌《あいきょう》があってかわいいから、みんなに愛される」「彼の家に行けばゲームをやり放題だから人気がある」「あの子はおもちゃをたくさんもっていて貸してくれるから慕われる」。でもこれは間違いだと思います。何かができるから、かわいいから、かっこいいから、ハンディキャップがあるから、など何かしらの特徴や条件があるから大事にする、というのは「人を大事にできる力」があるとはいえません。すべての人には愛される価値があります。条件などに関係なくすべての人を大事にできる心を育むことは子育ての大きな課題です。人を

大事にする力をつけるには、自分を大事にする力がカギになります。自分を大事にするためには自分とコミュニケーションを取り、感情を理解しなければなりません。

では、それを子どもに教えるにはどうすればいいのでしょうか？　普段の生活の中で「いま、どう感じてる？　楽しい？」など、子どもが何を感じているか尋ねてみてください。そして返ってきた答えを掘り下げてみます。

たとえばディズニーランドに行ってきたとします。「どう感じた？」と、子どもに聞いてみましょう。子どもが「すごく楽しかった」と答えたら、さらに「なぜ楽しかったの？」と続けて聞きます。「ミッキーマウスに会えたから」と子どもが言ったら、「会えるとどうして楽しいの？」とまた聞きます。子どもが「かわいいから」と答えたら「じゃあ、かわいくなかったら楽しくないの？」と聞く、といった具合です。「アトラクションで水がかかったことが楽しかった」「洞窟から外に出たとき、パーッと空が見えて楽しかった」など、意外な答えが返ってくることもあります。最初は単純に「楽しかった」と思っていただけだったとしても、聞かれることによって自分自身に問いかけ、本当の感情を見つけ出していきます。

子どもがテストで１００点を取って喜んでいたら、「どうしてうれしいの？」と尋ねます。「だって100点だから」という答えでは考えが浅いです。同じうれしいという感情でも、みんなにうらやましがられるから、思ったよりいい点数だったから、目標を達成できたから、など理由はいろいろあるはずです。それを考えさせることが大切です。

一つの感情をいくつもの角度から表現してみると感性が豊かになり、自分への理解も深まります。そして、その中で自分はどういう人間なのかという自己理解につながるのです。

❖自分を理解できれば人にも思いを寄せられる

自分の感情を理解できると、人の感情も推し量れるようになります。「どうしてうれしいの？」「どうして悲しいの？」など、同じように質問して感情を共有します。「靴が汚れたから悲しかったんだね」「走るのが遅かったから悲しかったんだ」。そうやって人をいたわることができるわけです。

相手が癒やされると自分もうれしい。人をいたわることは自分の喜びにつながることに気づきます。ただしそのためには、自分自身もいたわられた経験が必要です。

人の気持ちに共感し、いたわるということは、生まれつきの感情ではなく生活環境の中で覚えていくものです。自分の中にいたわられてうれしかった感情がないと、悲しんでいる人を見てもどうすればいいかわかりません。悲しくて泣いたとき、親に抱っこされてなだめてもらった子は、泣いている子に同じことをします。うれしかったときに、親がそばで一緒に喜んでくれた経験があれば、ほかの人とも一緒に進んで喜ぶことができます。親から愛情を受けて育ち、自分の感情を理解することを繰り返していけば、自分のことも人のことも大事にすることができるようになるのです。この愛情は無条件の愛が前提です。親が条件をつけてしまうと、子どもも人に条件や順番をつけてしまいます。

❖遊びや童話、歌も活用

家族で楽しみながら、人を大事にする力を育む方法はたくさんあります。たとえば家族みんなで集まり、それぞれが紙1枚と鉛筆をもちます。そして隣の人を説明する項目を10個書き出し、書けた人から発表します。

子どもは父親について、「タバコを吸いすぎる」「お風呂から出たらパジャマを着てほしい」などと書くかもしれません。もっとネガティブなことを書くかもしれません。ネガティブな項目があったときは、どうすればよいかみんなで議論すればいいのです。この方法の利点は、子どもの考えがわかることと互いの距離感が縮まることです。子どもは自分が家族に大事にされていることを実感し、ネガティブなことはどのようにして解決すればいいか学びます。

我が家で行なうとみんな笑ってしまうようなことを書きますが、その笑いの中に感動の涙が生まれ、絆《きずな》が強まることを感じます。

人を大事にすることの大切さを描いた童話もたくさんあります。楽しいものや感動的なものなどを選び、子どもたちと一緒に読んでみてください。歌もいいと思います。「かあさんの歌」や「赤とんぼ」には、母親や身近な人を大事に思う気持ちが込められています。「あめふり」は、子どもが雨に濡《ぬ》れている子に自分の傘を貸し、自分は母親の傘に入るという、他人を思いやる気持ちと、母への愛しさが込められた歌です。このような歌を親子で一緒に歌ったり踊ったりすると、子どもの心には楽しい思い出とともに歌詞に込められた温かい思いが刻まれます。

❖ボランティアで人を大事にする心を育てる

人を大事にすることを学ぶには、ボランティアもいい方法です。人間は人に必要とされることで、生きる意欲を得られます。誰かのために何かができるということは、心のビタミン剤になるのです。Ｇｉｖｅ ａｎｄ Ｔａｋｅの関係でいえば、いまの子どもはＴａｋｅするばかりで、Ｇｉｖｅすることが少ないと思います。ボランティア活動を通して、Ｇｉｖｅすることで真の幸せを感じられます。Ｇｉｖｅするチャンスを子どもたちに与えれば、人を大事にすることを覚えます。

私は子どもが幼い頃から、毎年冬に一緒に街頭募金に連れて行っていました。子どもは小さくても、自分が誰かの役に立てることを喜びました。また、私は一時期、非行少年のお世話をしたことがあります。その時も、彼らを更生させるのに一番効果的だったのはボランティアでした。まず、彼らが誰かのために役立つことができるような状況をつくっておきます。こちらが強制してしまっては意味がありませんので、自発的に動くのを待ちます。そして実際に行動を起こし、相手のためになったと実感できると、彼らの目にキラッと光が見えます。するとその子の中に力が湧き、次第に問題行動が収まっていきます。人の役に立てると、代えがたい感動やうれしさがあることを知るのです。自分がもっている力を、人に迷惑をかけるより人を大事にすることに使うほうが楽しいとわかれば、次からも人のために行動できるようになります。

❖誰でもどんな状況でも人を大事にできる

私はユニセフアジア親善大使として多くの国を訪問し、子どもたちの状況を視察しています。その時に現地の子どもたちによく宿題を出します。「おうちに帰ったら、一緒に住んでいる人たちをハグして『愛してる』と言ってください」。しかも「自分の国の言葉じゃなくて、日本語でね」と付け加えます。子どもたちは大半が最初「え〜」と戸惑《とまど》います。そうすると私は、「私を使って、練習してみますか？」と誘います。おそるおそる子どもたちは出てきます。私を抱きしめながら「愛してる」とか「I love you」などと言ってくれます。私が大喜びをすると、次から次へと子どもたちは出てきて、「愛してる」と言ってハグをするのです。

シリア難民を訪問したときも同じ宿題を出しました。「みんな、言えるかな。練習しましょう」と言うと、子どもたちは他国の子どもと同じく、私を使って練習します。でも、その中の一人の子どもが、周りにいるユニセフのスタッフのところに行って、小さな体で彼をハグして、「愛してる」と言ったのです。それを見て、ほかの子どもたちもその場にいた職員とボランティアの人をハグしに行ったのです。一番弱い立場の子どもたち……、中には食事も満足にできない子、学校に行けない子、家族を失った子もいます。そんな辛《つら》い状況にいる子たちが、周りにいる人たちを抱きしめながら「愛してる」「Ｉ ｌｏｖｅ ｙｏｕ」と口々に言っています。

大人はみんな泣いて、泣いて、涙が止まりませんでした。小さな天使たちが私たちに大きな喜びと愛情をくれました。子どもたちと抱き合いながら、私は感動し、みんなとたくさん笑って、たくさん泣きました。

人を大事にすることは、誰でも、どんな状況でもできます。人を大事にするということは、愛することです。愛は私たちにとって一番大きな力です。愛することは生まれながらにしてできることです。その力を誰も私たちから奪うことはできません。

愛することができるというのは、希望があり、自分を信じることができ、未来に向かう勇気があるということです。私は子どもたちに、人を愛することは人生の一番大きな喜びだと伝えています。惜しまずに、人を愛する、大事にすることを教えましょう。それが幸せへの近道なのです。

17

人を許す力

自分のために、許せない感情を手放し、幸せの主導権を取り戻す

人生の中で、傷つけられ、裏切られ、ひどいことをされることは避けられません。相手を「許せない」と思う気持ちは自然に生まれます。でも心理学では、相手を許したときに、初めて心の傷を癒やすことができるとされています。許さないうちは傷口がふさがらないので、平常心に戻れません。許せないまま時間が経《た》つと傷が深くなって、辛《つら》さが増すというわけです。許す力が幸せになる条件であれば、子どもに人を許す方法を教えないといけません。

ここで許しの構造を見てみましょう。許す場面として、次の2つのケースが考えられます。一つめは相手が謝ってきたケースです。傷つけられてもそれが故意ではなく、相手が謝ってくれれば、許すことはそれほど難しくはないのです。二つめは相手

が謝らない、悪いとも思っていないケースです。そのようなときは許すことがとても難しくなります。なぜなら、許すことで相手が正しいと認めたことになるからです。「彼がひどいことをやったのに」「自分は被害者だし」という意識もあります。許してしまうと相手は悪くなかったことになってしまうので、許すわけにはいかないのです。つい自分の言い分を主張しつづけます。それでも相手が悪いと思っていないと、次第に怒り、憎しみ、悲しさ、焦りなどネガティブな感情が自分の中にたまっていきます。傷が深まり、辛さが増します。その辛さは周りの人にも伝染します。「あの人の肩をもつの?」「私の気持ちわかる?」と人間関係もややこしくなります。

相手が謝らなければ許さない、あるいは周りの人たちが相手のことを悪いと言ってくれなければ許せないというのは、自分の幸せの「主導権」を人に託すことになります。自分の幸せが人の行動に左右されているのです。そこで「もういい」と思えれば、幸せの主導権が自分のところに戻ります。つまり、「許すこと」は相手のためではなく、自分へのプレゼントなのです。

明るい明日、平穏、幸せを自分にプレゼントするために、人を許すというのが心理学的な考え方です。

❖自分のためになるから許せない気持ちから離れる

「自分のためになるから相手を許したほうがいい」ということを子どもに教えるにはコツがあります。子どもがお友だちから一方的に傷つけられたとき、子どもは「自分のため」と言われてもわかりにくいのです。子どもも親から「許してあげて」と言われても、納得できない場合があります。だから、許す行動のもつ意味を教えないといけません。相手を許したとしても、相手が正しいと認めたことにはならない、負けでもないのです。相手を許したとしても、相手が正しいと認めたことにはならない、負けでもないのです。出来事を忘れる必要もありません。ただ、自分のために、その人を許すのです。「向こうが正しいわけではないけれど、自分がハッピーになるためにそのことから離れよう」と説得しましょう。

これでも子どもには難しいかもしれませんが、成長するに従って理解できるようになります。それに加えて、相手がどうしてそんな行動を取ったのか、子どもに理解を促すことも大事です。理由を理解できれば、許しやすくなることもあります。

たとえば、実際は相手の子が悪いことをしたのに、自分の子どもが罪を着せられたとします。相手の子が「○○君がやったんです」と先生に言いつけました。自分の子どもが否定しても、その子は「○○君だ」と言い張ります。どうしてその子はそんな嘘をつくのでしょうか？　理由を探ってみると、その子のお母さんはとても厳しい人で、子どもが悪いことをしたとわかったらすごく怒る。ぶたれるから、その子は自分がやったとは絶対に言えなかった。そういうことがわかってくると、子どもも「ああ、大変なんだな」と相手の立場が理解できるのです。

❖許すときは条件をつけない

人を許すときには大切なことがあります。それは、条件をつけないことです。子どもの間ではよくあることですが、「ランドセルを1週間背負ってくれたら許してあげる」「お金をくれるなら、許してあげる」などと条件をつけます。それは本当に許したことにはなりません。それは強要です。また、親が強制的に「許しなさい」と言わないことです。本心から出たものでなければ、本当の許しとはいえないからです。強制されて許してしまうと、心の中に鬱憤《うっぷん》がたまってしまいます。

子どもが自ら許そうと思えたときでも、許すプロセスを相手に話すチャンスを作ることが大事です。子どもが「私は○○ちゃんのことをすごく怒っていたんだよ。今回は許すけれど、これからは絶対に嘘をつかないでね」などと相手に話すことができれば、子どもはストレスから解放され、子どもたちの間のしこりも消えます。

許しというのは一つの解放なのです。とらわれているネガティブなものを捨てて、憎しみの鎖を外すことで、改めて幸せを追いかけられるようになります。相手に謝ってもらいたいと思うのは、自分が受けた傷を理解してほしいという気持ちのあらわれです。その思いにとらわれすぎると、周りでいいことが起こっても見えません。しかも相手が意地悪な人だったら、わざと謝らずにあなたの気持ちを操っているかもしれません。悩んで消耗するのは愚かなことだと教えましょう。

❖究極の許しは相手の幸せを祈ること

人に傷つけられたり、信じていた人に裏切られたりすると、「なぜあんな人を信じていたんだろう」と自分が情けなくなるときがあります。それでも立ち向かっていければまだいいのですが、パワハラやセクハラのように、弱い立場にいるとどうしても被害を訴えづらいものです。周りの人に同情されたくないという思いもあるので、一人で抱え込んでしまいます。しかも、哀れな自分を愛せなくなり、嫌いになってしまいます。そういう意味でいえば、相手を許すということは、もう一度自分を愛することにつながるのです。自分を愛することができれば周りの人を愛することができる、人を愛することもできてみんなが幸せになれます。「幸せの主導権は自分にある」と思えば、人を許すことも難しくなくなるのかもしれません。

じつは、私の父が究極の許し方を私に教えていたのです。私が子どもの頃、父によく言われました。「人にいじめられたり裏切られたりしたら、その人の幸せを祈りなさい。なぜなら、その人が幸せになれば、心に余裕が生まれ、あなたに意識を向けなくなる。そうすればもういじめたり裏切ったりしないから」。子どもの頃は「何を言っているのだろう。理解できない」と思っていましたが、大人になってから思い出し、実践してみました。自分が傷つけられたとき、相手が幸せになるように真剣に祈ったのです。すると偶然かもしれませんが、相手は本当に幸せになりました。自分の祈りが通じたように思えて心から喜びました。そして自分の気持ちも楽になったのです。しかも、確かに相手は私に対するいじめ行為をしなくなりました。「いじめられたら相手の幸せを祈ること」。これは魔法の言葉、高尚な哲学だと思い、息子たちにも教えています。人間関係は大人になるほど複雑になります。だからこそ、子どもには怒りや恨みを排除していける、許す力を身につけてほしいのです。

18

指導力

指導力は生きるために必要な力の総合力。親が手本となって示す

どんな時代、どんな社会でも「指導力」は必ず必要です。指導力は組織のリーダーや管理職ばかりではなく、家庭でも求められます。誰でも身につけておくべき力です。では、指導力とはなんでしょう。指導者とは目標を明確にし、周りの人のやる気を引き出し、力を合わせて目標を実現していく人です。つまり必要なのは、目標をもつこと、人を引きつける魅力、バイタリティがあることです。一緒に目標の達成を目指す人たちのやる気を高めるには、思いやりやサービス精神も不可欠、さらにチャレンジ精神があり、失敗を恐れないことも大切な要素です。

「そんな条件だったら、指導者になれるのはほんの一部の人では？」と思うかもしれませんが、じつは誰でもなれるのです。たとえば、家庭の主婦も指導者です。家族は

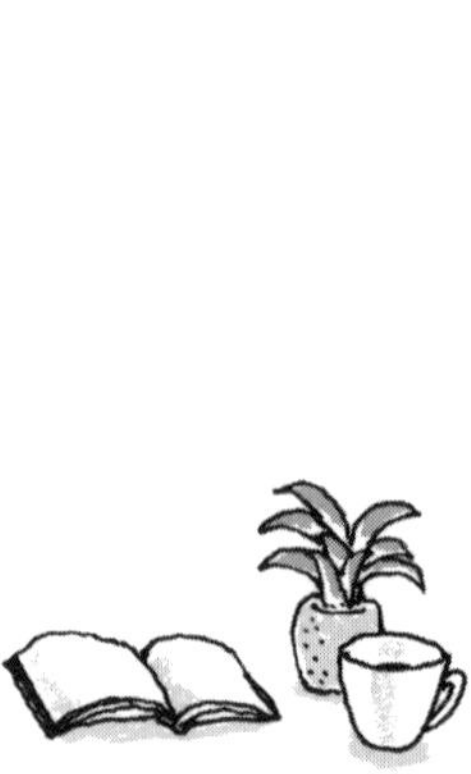

社会の最小単位だといわれます。主婦は家庭を切り盛りしなければなりません。家族をリードする人は必ず必要です。だから、指導力というのは、特別な人だけに必要な能力ではなく、誰もがもつべき力なのです。

❖親が指導者として手本を示す

子どもに指導力をつけさせるには、親が手本になるのが一番手っ取り早いです。我が家ではパパが優れた指導力を発揮しました。家族みんなで遊びに行こうという話になると、パパは完璧な計画を練り上げます。まずはみんなの第一希望を盛り込んだプランAです。でも、数日前にその日は雨が降るとわかりました。パパはいつもプランBをもっているのです。もしプランBがダメになっても、必ずプランCも用意しているのです。複数の代案があり、道順から予約、必要なことは全部押さえてあるのです。だから家族はいつも大船に乗ったつもりでいられました。息子たちはそんな父親を尊敬しています。「パパがリーダーなら安心できる。パパについていけば安心、パパみたいになりたい」と思ったに違いないでしょう。

息子たちはいろいろな活動にも参加しました。そういうところには必ずリーダーがいます。彼らがどのようにして組織をまとめ指導していくのか、リーダーを見て学べます。ロールモデルが周りにいると、自分がリーダーになったときに役立ちます。

❖やりたい理由を説明させて説得力を養う

指導者には説得力も必要です。どうしてその目標が大切なのか？　相手を説得できることが重要です。子どもの頃からそういう体験をしておくと、大人になるための予行演習になります。子どもがやりたいことがあるとき、私は賛成であってもすんなりOKとは言いません。必ずどうしてやりたいのか理由を説明させます。子どもは自分の意見をまとめ、相手を同意させなければなりません。その説得力を養うわけです。子どもは説明しているうちに「あまりいい理由じゃなかった」などと気づくこともあります。息子が小さいとき、こんなことがありました。「僕、公園で自転車に乗りたいな」と言うので、「どうして？　ママを説得してよ」と私は言いました。息子は説得しているうちに、自分のやりたいことは適切ではないと気づき、「やっぱり自転車はやめよう。違うことをやろう」と言い出しました。つまりこれは正しい選択をするための練習でもあります。

人生は選択の結果です。聡明な選択もあれば、そうでない選択もあります。子どもは選択の練習を繰り返すうちに、多くの判断材料を使って考えられるようになっていくのです。大人になると自分の選択の結果に責任が生じます。特に指導者は重い責任を負うことになるので、判断力を磨くことが大切です。

❖ゲームで勝敗に慣れておく

指導者はいつも成功するとは限りません。失敗することもあるのです。成功しても奢《おご》らず、失敗しても落ち込まないためには、ボードゲームやカードゲームで勝敗に慣れておくとよいと思います。

我が家ではボードゲームをよくやりました。最初、子どもは負けると悔しがり、泣いて「やだ、やだ、もう1回」などと駄々をこねたり、勝つと得意気になったりしました。しかし、経験を積むうちに気持ちをコントロールできるようになります。負けたときには、「今回の君のチェスはうまかったね。次は僕もがんばる」と相手をたたえられるようになりました。勝ったときは「今日の僕はラッキーだったよ」と紳士的に振舞えるようになったのです。

私は息子たちとゲームをするときは、子どもだからといって手加減することはありませんでした。最初のうち子どもは負けっぱなしですが、子どもは覚えるのが早いのですぐ勝てるようになります。すると私はもっと難しいゲームをもってきます。その繰り返しで毎回、真剣勝負でした。頭脳の成長をさせる目的だけでなく、チャレンジ精神、上達したい気持ちを養っていけます。そして、勝ち負けは常にあることで、上には上がいる、いつでも成長する空間はあるという、あきらめない心が育つのです。

❖自分なりの指導力を身につける

成功する指導者は人との付きあい方が上手です。私は息子たちに親以外に認めてくれる人、大事にしてくれる人を見つけたいと思い、「メンター」になってくれる人を紹介してきました。メンターとは、「優れた指導者、助言者」「信頼できる相談相手」のことをいいます。メンターがいれば、人との付きあい方も含めた多くのことを学べて、困ったときに親がいなくても駆け込み寺のように頼ることができます。そうして恩恵を受けると、自分も次は誰かのメンターになって面倒をみてあげようと思えます。息子たちはメンターからも指導力を学ぶことができました。

一口に指導者といってもタイプは人それぞれです。我が家の息子たちも三者三様で、同じ目標に向かうときでもアプローチは全く違います。長男は父親似で、よくリサーチして完璧な計画を立て万全に準備をし、信頼を得てみんなを率いていきます。次男は周囲の意見をよく聞き、それぞれが力を発揮できる方法を見つけます。そしてみんなで力を合わせて物事を進めます。クリエイティブな仕事をしている次男にはその方法が合っているのかもしれません。三男は愛嬌《あいきよう》があるので、周りの協力を得られやすいタイプです。彼が目標を定めると周りの人たちが助けてくれて、結果的に本人が望む方向に進んでいくことが多いようです。これはすごく得なことだと思います。

こうして見てみると、指導力とは生きるために必要な力の総合力といえます。子どもが自分なりの指導力を身につけることが大事です。私自身はデビューをして人に言われて歌っていた頃は、自分が指導者だと思ったことはありませんでした。母親になってから指導力が身についた気がします。息子を励まして、導いて、今日までの目標、来週までの目標、来年までの目標と、プランニングして。

学びながら自分も指導者の一人になり、そして自分の子どもを未来の指導者として育てていくことに、全力を尽くしました。

19 想像力

未曾有のアイディアを生み出す、先を見通せる力

「そうぞう力」には2つの意味があります。一つは「思う、新しいアイディア」のほうの「想像力」。もう一つは「新しく作り出す」ほうの「創造力」です。

この2つは別々のものではなく、密接に関連しあっています。未来に向かって生きていく子どもたちにとって、この2つの「そうぞう力」は生き残るために、一番大切な力かもしれません。だから、「想像力」と「創造力」の両方の力を伸ばしていくことが重要です。

まずは「思う、新しいアイディア」のほうの「想像力」について説明します。

アインシュタインは「本当の知性のしるしは、知識ではなく想像力だ」という格言を残しました。人間は何もないところから、全く未曾有《みぞう》のアイディアを生み出す力が

あります。これはＡＩにはできないことです。この力こそが、絶えずに代々新しいものを生み、作り、それによって人間は進化してきました。

ひらめくことができる子どもを育てるために、何ができるのか？　それは、空想をどんどん描かせることです。夢をいっぱい見させることです。誰もが、先天的に空想する力はあるはずです。でも、毎日の決まった生活の中では、その力が弱くなってしまうと思います。

❖お話を聞かせて想像力を育む

「想像力」は、子どもが小さいときから育てていきます。何にも束縛されないで、自由に自分の世界を作っていくことができる活動を与えることです。頭の中で、自分だけの世界を作る練習なら、親が絵本を読んであげたり、物語を聞かせたりするのが効果的です。

私は自分で作った物語を毎晩、寝るときに子どもたちに話して聞かせました。長男が2歳ぐらいの頃から15年以上続いた習慣です。私が話す物語は決まって「ペンギンの冒険」です。お母さんペンギンが、迷子になった子どもペンギンを探して世界じゅうを回る話です。毎晩、続いていく長い物語で、お母さんペンギンはたくさんの国に行って、楽しいハプニングに見舞われながら大冒険します。私は物語の中に、その国の風習や文化などを取り入れて話しました。子どもたちは大喜びしながら聞いていました。こういった絵のない物語のいいところは、聞いている子どもたちそれぞれの頭の中に、自分だけの世界が作られることです。「ペンギンの冒険」で言えば、きっと私が想像するペンギンと、息子たちがそれぞれ想像するペンギンは違う姿をしています。それこそ、頭の中に自分だけのペンギンがいるのです。誰かの作ったものではなく、物語を聞きながら、自分だけの世界が頭の中に広がっていくのです。

時どき私は、「お話に入れてほしいものを一つずつ言っていいよ」と言いました。すると子どもたちは口々に「ケーキ」「お茶」「花」などと答えます。私はその晩の物語の中に、ケーキとお茶と花を登場させました。そうすると、子どもたちの想像力はさらにかき立てられるのです。そのうち子どもは、物語に口をはさむようになります。「そうしたら、そのペンギンはね……」と。想像力が刺激されて、自分の中で物語がどんどん膨らんでいくのです。

文字だけの本もたくさん読ませました。物語を読んでいくうちに、絵のない世界で、自分の頭の中で主人公や風景、匂いや味も想像していくのです。そのような観点から見ると、作家が作り出す世界が絵で描かれている漫画は、主人公も特定され、想像力を働かせる余地があまりないので、私は、子どもが小さいうちは、なるべく見せないようにしていました。

また、子どもが想像したことを話したときには、その内容を温かく受け入れます。たとえどんなに突拍子もないことであっても、否定したりからかったりしないことです。そうすれば、子どもの想像力はどんどん育っていくのです。

この訓練をしていくと、想像力が次第に創造力につながります。何もないところで新しいものを作れるようになるのです。

❖想像力があると希望がもてる

想像力がなぜ大事か？　ほかにも理由があります。

人生の中で、物事がうまくいかないとき、悲しい出来事が起きたとき、落ち込んだり絶望したりすることがあります。そこから抜けだすためには、「想像力」が欠かせません。100ページの「光あるところに導ける力」でも触れましたが、想像力があれば「いまの自分にはどんな選択肢があるのか」「この状態から抜けだしたら、どんな自分になっているか」ということを想像できます。希望が見えて、新たな道へ一歩踏み出す力になるのです。

反対に想像力が乏しいと、目の前にある状態にとらわれてしまいます。選択肢が見えなくなり、悪いほうへ悪いほうへと考えます。明るい未来を思い描けないので、落ち込んだ状態からなかなか抜け出せなくなるのです。

さらに、自制心を育てるためにも想像力が重要です。

「アイスクリームを食べたい、すぐに食べたい」と、我慢ができない子どもがいたとします。たとえば親が、「家に帰ってから食べましょう」と言っても、いますぐに食べたいと騒ぎます。それは想像力に欠けているからです。子どもに「想像力」があると、「後でいいことがあるから、いまは我慢しよう」という自制心を働かせることができます。

この自制心をもっていると、目の前の苦労を恐れずに、目標に進むことができます。脳の中で、成功するときのことが想像できるからです。先を見通せる力は、想像力から生まれるものです。

20 創造力

新しいものを面白がる気持ち、創り出したいというチャレンジ精神、失敗を恐れないたくましさが創造力をかきたてる

いまは時代の変化がとても速くなっていると感じます。スーパーや量販店などではセルフレジができ、宇宙に遺骨を打ち上げる宇宙葬ができます。アメリカの企業が量子コンピュータを起動させ、自動運転車、ドライバー不要の駐車システム、顔認証決済と10年前には普及していなかったものばかりです。技術の進化は足し算ではなく、かけ算をするように急速に何倍にも拡大している印象です。

このような変化の激しい時代、未来に向かって生きる子どもたちに一番必要なのは「創造力」だと思います。創造力は生まれつきのものではなく、後天的に育成できる力です。その創造力の基本にあるのが１６８ページで述べた「想像力」です。２つの「そうぞう力」は密接な関係にあり、発明や発見の元になっています。

創造力とは「無」から何かを生み出す力です。それはどうすれば身につくのでしょうか？　子どもの創造力は発明や創造のプロセスを見学したり、体験したりすることで高まるといわれています。

「無」から何かを作るプロセスはたとえば、絵を描く、陶器を作る、歌を作ることです。要は誰かのまねではない、自分だけのものを形にすることです。

❖本物に触れて感じたことを表現する

創造力を育むには「本物」に触れさせることが大切といわれます。

我が家では息子たちをよく美術館に連れて行きました。名作の「本物」を見せます。描かれている世界の時代背景を想像することもできます。抽象的な絵に出合ったときは、画家は一体どんな気持ちで描いたのだろうか、などと息子と一緒に考えたりしました。科学館や博物館にもたくさん行きました。最新技術やいままで人類が蓄積し伝承してきた智恵《ちえ》など、あらゆることを子どもの引き出しいっぱいに詰めると、いつか爆発し、目を見張るような革新的なものが生まれてくるかもしれないと思っています。

美術館や博物館から家に帰ると息子たちに言いました。「感想を1枚の絵で表現してみて」。するといろいろなものを描き始めます。もちろんそれぞれの感性を通して鑑賞していたわけで、一番面白かったと思うものは子どもによって違います。この場面でも自分にしかないものを創ることが重要なので、絵にこだわらず「歌でも踊りでも自由に表現してみて」と言うこともありました。早く終わらせたい子は即席で踊って済ませたり、「一句詠《よ》みます」と俳句を作ったり、あるいは真面目に「文章を書きます」という子もいたり……。

こうした活動すべてが創造力を高める訓練になるのです。

❖紙1枚でものづくりの楽しさを学べる

私は時どき息子たちに、「何をしてもいいよ」と言って白い紙を1枚渡していました。すると紙は自在に変化します。紙飛行機を折って飛ばす、ママとパパへの手紙を書く、丸めてボールにして投げ合う、折って真ん中を切り取り帽子にするなど……。細かく切って紙吹雪《かみふぶき》を作って家じゅうにまいたこともありました。紙をぐちゃぐちゃにしてオレンジジュースの中に入れ、「本当に染まった！」。それを洗ってみて「洗えないんだ……」と。その紙を今度はお茶に入れ、と繰り返していたこともあります。

この実験は私も好きでした。息子たちはたった1枚の紙で、新しいものを作ったり、いろいろなことを試したり……。その楽しさを味わえたと思います。

この話をすると、いざ子どもに紙を渡しても「何も思いつかないみたいなんです」と言う親御さんがいました。その時は「お子さんがやるまで待ってください」とお話ししています。大人は「これを30分でやって、次はあれをして……」などと合理的に考えて時間で切りがちですが、子どものペースに合わせれば必ずできます。1回折るだけでもいいし、今日できなければ明日でも明後日でもいいのです。この時、親のほうから「鶴を折ろうか」などとは絶対に言わないことです。何も言わないほうが子どもが自分の頭で想像して、手で創造するのです。

いつも指示されている子は、親や先生の言う通りにやればいいと、創造力が下がってしまいます。子どもがやるまで待ち、でき上がったらほめます。出来がいいとか、悪いとかは関係ないのです。自分オリジナルのものを作ったことをほめてもらえたことで、子どもは次からもっと大胆に創造するようになります。

❖創造力の2段階

教育理論では創造性は2段階あるといわれています。1段階目は知識や材料など素材を集めることです。2段階目は1段階目で集めた素材を整理、分析して、全く新しいものを作り出すことです。

素材を集めるのは、自分のセンスやアイディアが働きます。そこからインスピレーションをもらって、自分にしか作れないものを創造するのです。空想から、知識や材料を集め、そしてそれを形にします。形にする間には成功や失敗を繰り返し、最後にたどり着く結果が発明、作品となるわけです。

このプロセスを日常生活で訓練できるのが料理です。まずは買い物に行き、食べたいもの、欲しいもの、面白いと思ったものを購入します。料理を作るには、考える力やまとめる力が必要です。成功するかもしれないし、失敗するかもしれません。失敗したらもう一度やればいいのです。手順を振り返れば何が原因かがわかります。「材料を間違えたのかもしれない」「時間が長かったのかもしれない」。あらゆる角度から物事を見てプロセスを組み立てていく訓練にもなります。失敗を通して、自分でコントロールできることとできないことがあることもわかります。

でき上がったものは自分の作品。この世にたった一つの作品なのです。料理はもう一つ大切なことを教えてくれます。それは分かち合う喜びです。自分のためだけに作っても大した喜びにはならないけれど、みんなで食べると、何倍もの満足感を味わえます。それを実感すると、作り出したものはみんなで分かち合えるからこそ、意味があると人生の哲学を学ぶこともできます。

スタンフォード大学の先生からは「誰もやったことがないことはあなたがやるべき。みんながやったことがあることは、あなたはもっとよくできる」と言われました。私はこの言葉がとても好きで、息子たちにもいつも言っています。彼らもスタンフォード大学で学び、この考え方は身についていると思います。

私たちはいまから10年後、20年後の世界で求められる人材を育てています。その未知の世界はどんどん更新されていきます。だからこそ大切なのは、新しいものを面白がる気持ちと、自分が何かを創り出したいというチャレンジ精神、失敗は当たり前と思えるたくましさです。どんなことでも改善できる余地があります。そして、誰も作ったことのないものを作るのは自分です。

子どもたちには創造力でよりよい社会、世界を創ってほしいです。

第3章

これからの
時代を生き抜く
「地球人」を育てる

私は子どもたちに、「自分は日本人だけれど、それと同時に『地球人』でもある」という感覚をもたせるようにしてきました。未来の世界では、この感覚が必要だと思うからです。

地球人であるためには多様性を認めることが基本です。

地球上には多くの人種や民族、多様な言語や文化、宗教などが存在します。それらの違いを理解して認められる子どもに育てることが大事だといえます。

「この地球は面白い。もっとたくさんのものを見たい」と思えることが理想です。

「みんな違っているからこそいい」

「公園に行くといろいろな花が咲いていてきれいだね。もし一種類の花しかなかったら、つまらないよね。それは人間も同じ。いろいろな人がいて、みんな違う顔だから面白いの、素敵なの。みんな同じ顔、同じ体をしていたら怖いよね」

と身近なことから説明しました。

我が家では子どもたちが小さかった頃、折りに触れ「違うことはいいことだ」という意識づけに努めました。たとえばスーパーに行き、「今日は何を食べようか」と子どもたちに聞くと、長男はブロッコリー、次男はかぼちゃ、三男はポテトと答えます。それらを買って家に帰り、子どもたちに言いました。「こんなに野菜があっていいよね。もしスーパーにポテトしか売っていなかったら？　毎日同じものしか食べられなかったら、飽きてしまうよね。人間も同じで、みんな違うから素敵だね。違いは『恵み』なんだよ」と。こうしたやりとりを通して違いを理解し、認めることを覚えていったようです。

私は歌手なので、歌を通して、子どもたちに地球を知ってほしいと思っています。だから長男を出産したときに、世界の子守唄《こもりうた》や童謡などを100曲集めて歌った全集を制作しました。知らない言語の曲もありましたが、覚えて歌いました。世界にはさまざまな人がいて、いろいろな音楽があることを息子に知ってほしかったからです。そして3人の息子に繰り返し聴かせました。そのおかげで息子たちはいまでも世界の子守唄が歌えます。

子守唄からは各国の文化や風習がうかがえます。たとえば、イスラエルの子守唄は水の歌です。砂漠に近いためか、水の大切さを歌っています。中国の子守唄はたいてい親孝行が歌われていて、子どもに何を教えたいのかがよくわかります。韓国の子守唄には半月のことを船にたとえて歌ったものがあります。日本には満月や三日月を歌った子守唄が多いですが、お隣の韓国は半月。その違いが興味深いと感じました。そして日本の子守唄の特徴は、お母さんではなく子守りの人が歌った物悲しいものが多いことです。その地域の景色が歌に織り込まれています。子守唄だけでも国によってこれだけ違いがあるのです。子守唄を歌うことで、その違いを子どもに伝えられたと思っています。

だから、親は自分が興味あるもので、子どもに地球を教えることができます。たとえばスポーツが好きな親は、世界じゅうのスポーツの話をすればいいと思います。服が好きな親なら、世界じゅうの民族衣装の話をするのも素敵です。料理が好きなら料理の話、映画が好きなら映画の話……。子どもに世界の広さ、多様性を教えるにはいろいろな方法があります。

❖各国の行事を通して「地球人」を意識させる

各国の風習を生活に取り入れることで、「地球人」であることを意識させることもできます。私はできるだけ子どもたちと一緒に、各国の行事を楽しみました。

そのため毎年、1月から大忙しです。1月1日は日本の元旦で、次は中国の旧正月です。2月に入ると豆まきとバレンタインデー、3月はひな祭りとホワイトデー、4月は復活祭（イースター）、5月は日本の端午《たんご》の節句と母の日、6月は中国の端午節《たんごせつ》、父の日、7月は七夕《たなばた》……。こんな調子で12月まで毎月、各国の行事を取り入れて、それぞれの行事食も味わいました。もちろん家族や祖父母の誕生日も祝います。

このように、日本の伝統と私の故郷である中国の伝統を守りつつ、そのほかの国の行事も取り入れることで、子どもたちはそれぞれの国の歴史や文化を考えるきっかけにもなったようです。

◆広い世界を見せることで視野が広がる

私と息子たちは地図を見るのが大好きでした。地図を広げて国の名前や国旗を覚えるだけではなく、「いま何時かな？　どんな天気かな」などとその国の人たちのことを想像し、「大きくなったら行ってみようね」などと語り合ったりもしました。

そして実際、子どもたちをできるだけ海外へ連れて行きました。広い世界を見せたかったのです。旅行の行き先は観光地ばかりではなく、歴史を知るうえで重要な場所にも足を運びました。

たとえば、まだ小さかった子どもをベトナムに連れて行ったことがあります。そして、ベトナム戦争のことや、ホーチミンという市の名前は独立運動の指導者の名前が由来になっていることなどを教えます。

いまでも子どもたちは、お金が貯《た》まると旅行に出かけます。貧乏旅行が多いのですが、その国の人たちと接して、多くのことを学んで視野を広げています。

◆環境問題にも目を向けながら生きていく

「地球人」というのは、人間を大事にすることだけでなく、地球全体の環境問題に興味をもち、地球を大事にすることも必要な要素です。

ちょうど私がスタンフォード大学に留学していた頃、アメリカではリサイクルや環境問題に対する意識が高まっていました。私も環境問題に関心をもち、物を大切にすることを子どもたちに伝えました。

長男が3、4歳の頃、ごみ箱から何かを取り出そうとしているのを見つけました。「汚いからやめなさい」と叱ると、「ママがこのびんを捨てたからごみになった。捨てなければ僕のおもちゃだったのに」と長男が言ったのです。私は衝撃を受けました。

本当はまだ使えるものなのに、私がごみにしてしまったことに気づいたのです。そのとき私は、息子に大事なことを教えてもらった気がしました。

我が家は、物をあまり買わないことで環境に貢献しています。いまある物を大切に使って、きちんとリサイクルしています。年齢が若い人ほど環境に対して敏感になっているようで、うちでは末っ子の三男が最も熱心に環境問題に取り組んでいます。地球温暖化のことを意識した食生活を心がけています。上の子たちも、自分で野菜を栽培したりしています。自分でできることを考えて地球に貢献しています。地球に住んでいる以上、この惑星を大事にしないと人間は住《す》み処《か》をなくします。

子どもたちはよく人から「君たち何人《なにじん》?」と聞かれますが、彼らは「別に決めてない」と答えています。もちろん、父親は日本人、母は中国人とアイデンティティーはしっかりもっていますが、何人《なにじん》にはこだわっていないようです。日本人、中国人、アメリカ人、カナダ人でもない、彼らは「地球人」の心をもっていると思います。

私たちはみんな、この地球上に生きています。自分から進んで地球に貢献していく「地球人」に育てることが、私たちの責任です。これからの時代は、現実とバーチャル、距離と時間、人間とロボット、性別、年齢、人種など、いままで私たちがこだわっていたものが曖昧《あいまい》になっていきます。

だからこそ、子どもたちにはどんな状況の中でも対応でき、楽しく生活できる基本の力をもたせたいものです。進化しつづける人間でも、愛と勇気、誠と平和は永遠に残ってほしいものです。

おわりに

子育ては自分を人間として成長させてくれた、人生の中で一番大切な勉強でした。母親としての自信が、生きる自信につながりました。

大きな病気になったときも、仕事の壁にぶつかったときも、人間関係がうまくいかないときも、子育てで学んだ経験が支えてくれました。

一度親になると、一生親です。この肩書きは消える日がないのです。だからこそ、愛情いっぱいで取り組みたかった、失敗はするかもしれないけれど、後悔はしたくない、と思いました。そして、子どもがそばにいてくれる間は、時間を惜しむように付きあいました。

子育て真っ最中のお母さん、お父さん、いまが人生で一番素敵な時期ですよ。大事に、自分によって生まれてきた命の輝きを楽しんでください。

迷ったら、この本を繰り返し読んで、知識を身につけて、自信をもって、子育てをエンジョイしてくださいね。眠れない夜、疲れた体、絶えない子育ての悩みはあっという間に過ぎてしまいます。このキラキラとした、子どもと一緒の時間を大切に、たたくさん良い思い出を作ってください。

良い家族は思い出すと、胸が熱くなるのです。それを目指して、がんばってください。心から、応援しています。

2020年3月

アグネス・チャン

〈著者紹介〉

アグネス・チャン

歌手・エッセイスト・教育学博士。1955年、香港生まれ。72年、「ひなげしの花」で日本歌手デビュー。上智大学国際学部を経て、カナダのトロント大学（社会児童心理学）を卒業。89年、米国スタンフォード大学教育学部博士課程に留学、94年に教育学博士号（Ph.D）取得。98年、日本ユニセフ協会大使に就任。2018年、旭日小綬章を受章。長男、次男、三男全員が母校スタンフォード大学に合格して話題となる。現在は芸能活動のみならず、ユニセフアジア親善大使、日本対がん協会「ほほえみ大使」など文化人として世界を舞台に幅広く活躍。
著書に『未知に勝つ子育て』（小学館）、『スタンフォード大に三人の息子を合格させた50の教育法』（朝日新聞出版）などがある。

アグネス流
10歳までに鍛えておきたい20の能力
～これからの時代に活躍できる子に育てるために～

2020年5月5日　第1版第1刷発行

著　者　　アグネス・チャン
発行者　　櫛原吉男
発行所　　株式会社ＰＨＰ研究所
京都本部　〒601-8411　京都市南区西九条北ノ内町11
教育出版部　☎075-681-8732（編集）
家庭教育普及部　☎075-681-8554（販売）
東京本部　〒135-8137　江東区豊洲5-6-52
普及部　☎03-3520-9630（販売）

PHP INTERFACE　https://www.php.co.jp/

印刷所
製本所　　図書印刷株式会社

ISBN978-4-569-84534-0